百年

BAI NIAN ZHENG DAO

正道

★

陈 晋 著

人民出版社

策　　划：王世勇　付运波

责任编辑：王世勇

图书在版编目（CIP）数据

百年正道 / 陈晋著 . 一北京：人民出版社，2021.4

ISBN 978-7-01-023243-0

Ⅰ . ①百…　Ⅱ . ①陈…　Ⅲ . ①中国共产党－党史－学习参考资料

Ⅳ . ① D239

中国版本图书馆 CIP 数据核字（2021）第 045774 号

百年正道

BAI NIAN ZHENG DAO

陈　晋　著

人 民 出 版 社　出版发行

（100706　北京市东城区隆福寺街 99 号）

三河市龙大印装有限公司印刷　新华书店经销

2021 年 4 月第 1 版　2021 年 4 月北京第 1 次印刷

开本：710 毫米 ×1000 毫米 1/16　印张：15

字数：180 千字

ISBN 978-7-01-023243-0　定价：49.80 元

邮购地址　100706　北京市东城区隆福寺街 99 号

人民东方图书销售中心　电话（010）65250042　65289539

写在前面

走过一百年风雨历程的中国共产党，创造了许多人间奇迹，拥有史诗般的传奇和故事。人们可以从不同角度去归纳和总结，描写和叙述。

本书撮其要者，按中国共产党一路走来的历史线索，或抓取历史断面的风景，或融通纵向发展的理路，提出十个问题，展开叙述。

这当中包括：中国共产党是怎样出发远行的，她的初心和使命是什么？她的信仰赋予了什么样的力量，能够度过世所罕见的危机？在民族危亡的紧急关头，她扮演了什么样的角色，从而开启中华民族解放的前途？她为什么能够创建一个新中国，是怎样创建新中国的？新中国成立后，她的前进方向是什么，带领人民做了什么大事？在持续的探索中，她又是怎样坚持真理，修正错误，实现"伟大觉醒"，开始去探索一条新的道路的？为了赶上时代，她在新的征途上是怎样演绎现代化这个主题的？一百年的行程，她带领人民创造和积累了什么样的精神气象？为了践行初心和使命，改变中国命运，她找到并坚持和发展了一条什么样的光明大道？这条道路，最终会把中国人民、中华民族引向什么样的未来？

回答好、叙述好这十个问题，对中国共产党一百年不懈奋斗的情况，就有了比较清晰的轮廓。

学习党史，要明白一些道理，特别是马克思主义中国化的道理；要增强信念，特别是要坚定我们的中国特色社会主义道路自信、理论自信、制度自信、文化自信；要尊崇高尚的德行，构筑好我们的精神家园；最终要力行实践，把一切以人民为中心的事情办好，在新时代新阶段开创新局。

本书希望通过具体生动的有"带入感"的故事，能够在以上四个方面给人们带来一些启发。由于能力有限，不管这样的愿望能否实现，都感谢每一位打开此书的读者。

陈　晋

2021 年 3 月 15 日

目　录

第 一 章

「初心使命」

中国共产党之所以成立

★ ★ ★

在中国，为什么会出现一个叫中国共产党的组织？它是从哪里走出来的，是怎样出发的，是为了什么而出发的？这一切，似乎可从中国爆发的五四运动说起。历史学家们总是讲，五四运动为中国共产党的成立做了思想和组织准备，领导和参加五四运动的不少人，后来都成为中国共产党早期的重要干部。

是什么催生了中国共产党？

近代中国的遭遇，催生了中国共产党。

毛泽东曾经说过，在近代以来的一个世纪的时间里，"全世界几乎一切大中小帝国主义国家都侵略过我国，都打过我们"，除了最后一次抗日战争外，"没有一次战争不是以我国失败、签订丧权辱国条约而告终"。

具体情形是——

1840年，英国殖民者率先发动了侵略中国的第一次鸦片战争，用炮舰轰开了清王朝封闭的大门。随后，西方列强纷至沓来，先后发动了第二次鸦片战争（1856—1860年）、中法战争（1883—1885年）、中日甲午战争（1894—1895年）和八国联军侵华战争（1900—1901年）。在战争中连遭败绩的清政府被迫与列强签订了一个又一个不平等条约。通过这些不平等条约，列强除取得巨额赔款之外，还强占中国领土，并构筑起奴役中国的不平等条约体系。中国的主权和领土完整受到严重侵害。

国家遭受侵害，中国人民陷入深深的屈辱境地。

1900 年，八国联军进北京的时候，用电影摄影机拍下一段"大变活人"的魔术资料。在这档节目中，"变"出来的西方人，个个威武雄壮；最后"变"出来的是一个留着小辫子的中国侏儒，刚一出现在舞台上，就受到此前"变"出来的那些西方人的戏弄和殴打。

八国联军打进北京后，迫使清政府和他们签订条约，要求中国向 8 个国家赔偿白银 4.5 亿两，理由是中国有 4.5 亿人口，必须人人有份。在屈辱和压迫面前，所有中国人都不能置身事外。

中国为什么会受到列强的侵害？因为中国多年来积贫积弱，政治上又是一盘散沙。"长夜难明赤县天，百年魔怪舞翩跹，人民五亿不团圆。"这是那个时代的真实写照。

中国人民是不甘屈服的，从鸦片战争开始，中

八国联军开进紫禁城　　　　海峰 / 供图

李大钊　海峰 / 供图

国人民的抗争就没有停止过。无数志士仁人奋斗过了，洋务、维新、革命的方案都试验过了，封建王朝也被推翻了。然而，"无量头颅无量血，可怜购得假共和"。

中国的希望在哪里呢？

1920 年春节前夕，一挂骡车悄悄出了北京朝阳门，沿着颠簸的土路，直奔天津。坐在车上的两个人，一个跨在车辕上，留着两撇浓重的大胡子，身边的褡裢里装着账册，像个出门讨账的生意人；另一个坐在骡车里面，头戴毡帽，穿着满是油迹的棉背心，看上去像个穷酸的教书匠。

"大胡子"，是北京大学图书馆主任李大钊；"棉背心"，是正被北京政府军警追捕的《新青年》主编陈独秀。后来人们知道，为躲避追捕，李大钊特意将陈独秀化装护送出京。一路上，两人相约，分别在北京和上海着手筹备，共同建立一个新的政党。

陈独秀　张庆民 / 供图

这两位大知识分子，为什么想到要建立一个新政党呢？

这要从中国的五四运动说起。说到五四运动，人们就会想到爱国。那时要爱的国家，又是怎样一番景象呢？

1918年11月第一次世界大战结束时，加入协约国，并派出大量劳工到欧洲战场上做笨重体力活的中国，自近代以来第一次跻身于战胜国的阵营。在北京，狂喜的国人第一个冲动就是跑到东单北大街西总布胡同拆掉了"克林德碑"。这块碑是中国进入20世纪的一个象征：1900年八国联军侵占北京的时候，义和团打死了德国驻华公使克林德，清政府为了表示谢罪，建造了这个"克林德碑"，上面还刻有光绪皇帝写的谢罪文辞。人们把这块碑移到了中央公园，在上面重新刻上4个大字："公理战胜"。

　　这4个字的"著作权"，属于美国总统威尔逊。他当时正主

20世纪初（1909年前），北京东单北大街西总布胡同的"克林德碑"　　　　　　佚名 / 供图

导处理第一次世界大战后解决诸种问题的巴黎和会。但"公理"真的能战胜强权吗？

参加巴黎和会的中国代表除了能够带回来一些被战败国德国早先抢去的古代天文仪器外，传回来的却是更加耻辱的消息：在会议的绝大多数议题上，中国这样的国家根本就没有参加讨论的资格，一切都由英国、法国和美国等少数几个国家闭门商定。中国事实上无法去分享战胜国的果实，唯一的期望是收回德国从前占据山东的各项特权。但就是这仅有的指望也很快化为泡影，日本代表以在战争期间日本与中国北洋政府早有协议为由，拒绝交还它已经占有的青岛和胶济铁路。

这种失望，对国人的刺激是可想而知的。当时的《上海学生罢课宣言》就写道："威尔逊曾告诉我们，在战后缔结的条约里，像中国这种不好黩武的国家，会有机会不受阻碍地发展他们的文化、工业和文明。他更告诉过我们，不会承认秘密盟约和在威胁下签订的协定。我们寻找这个新纪元的黎明，可是中国没有太阳升起，甚至连国家的摇篮也给偷走了。"

不仅中国人失望，连当时的美国驻华公使芮恩施也颇为感慨地表示：世界上可能没有任何一个地方像中国一样对巴黎和会抱着如此大的期望。那些控制巴黎和会的老头们的决定，使中国人一下子坠入了黑暗的深渊。我一想到中国人将如何来承受这个打

人民英雄纪念碑浮雕：五四运动

击，心里就感到沮丧。

中国人最终没有沮丧。一场轰轰烈烈的爱国救亡运动在1919 年 5 月 4 日那天爆发了。近代以来长期积累的受伤的民族感情和民族意志来了一次大爆发。

后人了解的五四运动景象，是学生游行、市民罢市、工人罢工，还有"外争国权，内除国贼"的口号，以及拒绝签署《巴黎和约》。其实，在这些景象的背后，人们感受最深刻的是，中国人普遍地把国家的命运同个人的生命融为一体，来思考和追求未来。1919 年 5 月 16 日，发表在《民国日报》上的《北京国民大学全体学生敬告邦人书》，有这样一段文字："当国家存亡之际，正吾人死生之关。苟欲求生，必自救亡始。"当时的一些团体和报刊，还公布过所收到的一些人为国难自杀的绝命书。

一些知识分子在此前后的爱国情怀，更是绽放出多姿多彩的个性风采。这里有李大钊的"冲决过去历史之网罗""为青春中国之再生"的抗争、期待和豪气；有鲁迅那种因爱之愈深、痛之愈切，而诅咒"吃人筵席"的尖锐、冷峻和深邃；有郭沫若"我为我心爱的人儿，燃到了这般模样"的浪漫、执着与奇谲；还有郁达夫那样的"祖国呀祖国，我的死是你害我的！你快富起来、强起来吧"的急迫、忧虑和感伤。

这些爱国感情和精神，主题就是两个字："救亡"。

救亡从此成为中国人奋斗的最直接目标，它把爱国精神转向整个民族精神和文化的"涅槃"。五四运动期间，北京大学学生创办的《新潮》杂志，其英文名字就是 Renaissance（文艺复兴）。

爱国和救亡，让中国强大和复兴，是产生中国共产党的土壤，也是中国共产党出发时的着眼点。当时武汉的学生领袖恽代英在一封信中说："国不可以不救。他人不去救，则唯靠我自己。他人不能救，则唯靠我自己。"湖南的学生领袖毛泽东呐喊："国家者，我们的国家；天下者，我们的天下。我们不说，谁说？！我们不干，谁干？！"

这两位学生领袖，不久便成了著名的中国共产党人。

一个反复比较后的慎重选择

后人说的五四运动，还包括 1919 年前后一段时间里，知识界推动的以"民主"和"科学"为主题的新文化运动。这场思想运动的逻辑是：怎样才能走上真正可靠的爱国救亡之路？必须引进"民主"和"科学"这两位"先生"，从五花八门的新思潮中去寻找和选择一种有效的"主义"。

新文化运动倡导的"民主"和"科学"分别有两层含义。民主，一是指民主精神和民主思想，包括个性解放、人格独立和自由民主权利等；二是指民主政治制度。科学，一是指科学思想、科学精神和科学方法，这是主要的；二是指具体的科学技术、科学知识。

人们说五四运动是思想上的大解放，原因是它激发起人们对各种新思想、新思潮的选择热情，进而对中国社会改造的"主义"进行理性的设计。那时候，动不动就讲"主义"，是知识界的时髦。

在 1919 年的五四运动之前，宣传新思潮的期刊不超过 10 种，五四运动之后的半年中，中国一下子冒出大约 400 种新的白话文期刊、大约 350 种周报，而且，都以"传播新思想，改造旧社会"为己任。

毛泽东当时就在湖南创办了《湘江评论》，他还兴奋地形容说：这些新思潮的传播，就像洞庭湖的闸门打开了一样，席卷一

1919 年 7 月 14 日，湖南学生联合会的机关刊物《湘江评论》创刊　文化传播 / 供图

切，顺它的生，逆它的死！那些后来成为著名共产党人的青年人，无不是在对各种思潮和手段的比较选择中确立起自己的信念的。

看起来是"条条道路通罗马"，但各种"主义"毕竟有是否科学、是否进步，在中国是否可行、是否有效的区别。那时候，最受欢迎的新思潮，当数各式各样的无政府主义。在通常情况下，人们甚至把无政府主义和社会主义混在一起来谈论。

毛泽东在最终作出选择的时候，对当时盛行的各种改造中国的主义作了一番比较，他说："改良主义色彩的社会政策派，不成办法；无政府主义，否认权力，没有建设；温和方法的共产主义，理论上说得通，事实上做不到；只有激烈方法的共产主义，即所谓劳农主义，用阶级专政的方法，是可以预计效果的，故最宜采用。"

先进知识分子选择马克思主义，还与俄国十月革命的成功有关。俄国十月革命，是俄国工人阶级在布尔什维克党领导下联合贫农所完成的伟大的社会主义革命，因发生在俄历 1917 年 10 月 25 日（公历 11 月 7 日），故称为十月革命。1917 年 11 月 7 日，列宁和托洛茨基领导的布尔什维克武装力量向资产阶级临时政府所在地圣彼得堡冬宫发起总攻，推翻了临时政府，建立了苏维埃政权。十月革命的胜利开创了人类历史的新纪元，为世界各国无产阶级革命、殖民地和半殖民地的民族解放运动开辟了胜利前进的道路。

毛泽东后来说："十月革命一声炮响，给我们送来了马克思列宁主义。"

比较早地看出十月革命将会对中国产生重大影响的是李大钊，他和陈独秀是志同道合的朋友。与陈独秀刚烈、率直的勇猛气概不同，李大钊当时给后来成为中国著名作家的鲁迅留下的印象是："有些儒雅，有些朴质，也有些凡俗。所以既像文士，也像官吏，又有些像商人。"李大钊围绕俄国十月革命和马克思主义发表的文章和演说，聚集起一批优秀的青年，后来这些人很多成了早期共产党人。

油画《俄国十月革命冬宫广场上的人群》 　　　　　　　　　　张奋泉 / 供图

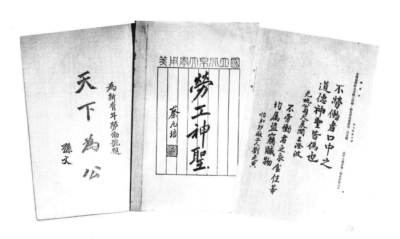

《新青年》"劳动节纪念号"刊登了孙中山、蔡元培和许多工界人士以及工人的题词 文化传播 / 供图

十月革命给这些接触和宣传马克思主义的人带来两个重要启示。

一个重要启示是：把民族解放的道路同阶级革命的道路结合起来。李大钊在 1922 年就说过："忽然听到十月革命喊出的'颠覆世界的资本主义''颠覆世界的帝国主义'的呼声，这种声音在我们的耳鼓里，格外沉痛，格外沉重，格外有意义。"

另一个重要启示是：树立"劳工神圣"的观念，即无论是反对帝国主义的侵略，还是反对封建主义的压迫，其根本的力量在民众，离开了他们来谈新文化，谈改造社会，谈爱国运动，都无济于事。这个启示后来被中国共产党明确概括为知识分子和工农群众相结合。

有了这两条新的思路，一群知识分子最终把产生于西方资本主义社会的马克思主义和社会主义，作为新的救国之道。相比之下，其他那些一度发生重要影响的"主义"，就显得不那么实际和可行、不那么急迫了。比如，胡适倡导的改良性质的实用主义，虽然触及改造社会的许多具体问题，但它无法把握社会进步的根本动力、趋势和前景。

结论很明显，一百年前，人们是经过苦苦思索、反复比较后，才慎重选择马克思主义和社会主义的。正像毛泽东当时说的那样，这是"无可如何的山穷水尽诸路皆走不通了的一个变计，并不是有更好的方法弃而不采"。

"产房"和"母亲船"孕育的初心使命

在当时，建立一个新政党是件很平常的事情。从 1911 年 10 月政党活动公开到 1913 年年底，各种新兴团体一共有 682 个，其中，基本具备近代政党性质的团体有 312 个。五四运动前后，各种社团更是如雨后春笋般冒了出来，一些后来成为著名共产党人的青年知识分子，当时都创建和参加了不同的新兴社团。周恩来在天津创办了觉悟社，毛泽东不仅在长沙创建了新民学会，自己在北京还参加了少年中国学会。

当时影响大的政党，除了孙中山、宋教仁创建的国民党外，还有从清末立宪派演变而来的统一党、进步党和共和党等。成立于 1911 年的中国社会党，相当吸引人们的眼球。它的创立者是 29 岁的江西弋阳人江亢虎。中国社会党以恋爱自由、教育平等、遗产归公为基础，以个人自治、世界大同为目标，主张"非私产、非家族、非宗教、非军国、非祖国"主义，并号称追求社会主义，

1918 年 4 月，毛泽东、蔡和森等在长沙组织新民学会，学习、研究、宣传马克思主义。
图为部分会员合影 张庆民 / 供图

1920 年，天津觉悟社、北京少年中国学会等 5 个团体在北
京陶然亭聚会，商讨救国运动方向 吴雍 / 供图

甚至共产主义，实际上却是无政府主义。社会主义，对一般知识分子有相当的吸引力。1911 年年底，中国社会党已发展成为有 490 多个支部和 52.3 万多名党员的大党。连李大钊也曾是中国社会党天津支部的干事。

1920 年春节前夕，陈独秀和李大钊相约建党后，在从北京到天津的途中，陈独秀就公开发表文章说，他们要建的新党为"社会党"。后来听了李大钊的建议，才放弃了这个取名方案，定名为"共产党"。

寻找主义的热情迅速发展成为建立新型政党的热情。毛泽东给远在法国的朋友蔡和森写信，讨论建立一个什么样的政党，蔡

中共一大会址纪念馆

黄冬/摄

何红舟、黄发祥画作《起航——中共一大》　　　　　　　　海峰 / 摄

和森在回信中说，干脆"明目张胆正式成立一个中国共产党"。武汉、长沙、济南、广州、留日学生和旅欧勤工俭学学生，也建立起中国共产党的早期组织。

就像人们已经熟悉的那样，中国共产党第一次全国代表大会，是 1921 年 7 月 23 日在上海那座石库门建筑里开始的。因为 7 月 30 日晚上有陌生人闯进来，代表们迅速转移到浙江嘉兴市南湖的一条红船上接着开会。

中共一大，确定了党的名称为中国共产党。通过的纲领申明，把社会主义和共产主义规定为自己的奋斗目标，并且是用革命的手段来实现这个目标。

参加中共一大的一共有 15 个人。其中，有两个外国人是共产国际代表，其余 13 个中国人当中，包惠僧是陈独秀派来参加的，不算正式代表。13 个中国人的构成很有意思：有两个前清秀才——35 岁的董必武和 45 岁的何叔衡；有一个小学老师——毛泽东；还有 7 个大学生，其中 3 人曾留学日本；3 个报社编辑、记者；两个中学生——王尽美和邓恩铭。30 岁以下的有 9 人，平均年龄为 28 岁，正好是当时毛泽东的年龄。

中共一大代表毛泽东

俄国庆 / 供图

遗憾的是，陈独秀、李大钊这两位最重要的人物却没有来。陈独秀当时在广州担任广东教育委员会委员长，为筹办广东大学预科，正在争取一笔款项修建校舍，就派个人代表包惠僧参加；而李大钊，当时正在领导 8 个学校的教职员向北洋政府讨要薪水。

其实，在 1921 年 7 月中国共产党成立前后，独立于陈独秀、李大钊这条主线之外，其他地方也发起成立有中国共产党的早期组织形态。

比如，蔡和森 1920 年 7 月在法国就决定组建"共产党"，还写信告诉毛泽东。也是这年夏天，恽代英在湖北组织"利群书社"，决定利用这个社团，创建一个"波社"（即布尔什维克党）。远在四川的吴玉章、杨闇公，在不知道中国共产党已经成立的情况下，联合 20 多人，于 1924 年 1 月组建了中国青年共产党。后来听说中国共产

中共一大代表何叔衡

李军朝 / 供图

中共一大代表李达

张庆民 / 供图

中共一大代表王尽美

张庆民 / 供图

党已经成立，便主动解散了这个党，以个人身份参加中国共产党。

这说明，信仰马克思主义，组建中国共产党，在当时先进青年中有着很厚实的基础。说到中国共产党的诞生，也不应该忘记蔡和森、恽代英、吴玉章、杨闇公这样一些人的贡献。

会议结束的当晚，散会时，嘉兴南湖湖面上暮霭沉沉，渔火点点。大家乘坐火车返回上海，已是午夜时分。人们想象中本该波澜壮阔、跌宕起伏甚至开天辟地的一出史剧，就这样落了幕。

如果说，上海的那座石库门是中国共产党的"产房"，那么，嘉兴南湖上的那艘红船，就是中国共产党的"母亲船"。

"产房"里，"母亲船"上，诞生了中国共产党，也诞生了一种与党同行的革命精神——"红船精神"。

2005 年 6 月 21 日，时任中共浙江省委书记习近平在《光明日报》发表署名文章《弘扬"红船精神" 走在时代前列》，首次提出并阐释了"红船精神"，认为"开天辟地、敢为人先的首创精神，坚定理想、百折不挠的奋斗精神，立党为公、忠诚为民的奉献精神"，是中国革命精

2005年6月21日，《光明日报》发表习近平的《弘扬"红船精神" 走在时代前列》一文

神之源，也是"红船精神"的深刻内涵。

胸怀"红船精神"出发的中国共产党，后来把自己出发的原因，总结成为自己一路走来的初心使命。

2017年10月31日，党的十九大闭幕仅仅一周，习近平同志便带领新一届中央政治局常委专程从北京赴上海和浙江，瞻仰中共一大会址，还有嘉兴南湖上的那艘红船。

习近平同志说：这是我们党"梦想起航的地方"，是我们中国共产党人的"精神家园"，"我们走得再远都不能忘记来时的路"。

整整100年了。中国共产党从哪里来？为什么出发？走了这么多路，要到哪里去？这些问

2017年11月1日，《人民日报》刊登的关于十九届中共中央政治局常委瞻仰中共一大会址的相关报道

题，历经无数次的叩问。

回望中国共产党人的"精神家园"，人们归结到一点，就是"不忘初心，牢记使命"。参加建党的先进人群，当时的初心和使命，必定呈现为这样一种逻辑：拥有爱国、救国、兴国的历史责任心和使命感；寻找和选择一种能够救国、兴国的道路和主义，树立起对马克思主义、社会主义的信仰和信念；为自己的信仰和信念去奋斗。

这种思想逻辑的结果便是，"为中国人民谋幸福，为中华民族谋复兴"，也就是中国共产党人的初心和使命。

初心使命的考验和不同的人生结局

中共一大召开的时候，全国只有58名党员。他们手中没有枪，兜里没有钱，但心中有"主义"。

当时没有人会想到，就是这样一个赤手空拳的新政党，28年后建立起一个新国家。

中国共产党为什么能够成功？

我们来看看这58名第一批共产党员的身份结构，会发现一些有趣的特点。

最初的58名党员，基本上都是知识分子。从学历上来看，留学日本的18人，北京大学毕业的17人，其他大学毕业的8人，中等师范和中学毕业的13人；从职业上来看，担任教授、教师的17人，学生24人，从事新闻出版及律师等自由职业者10人，当过官员弃而不做的3人，工人4人。这说明，中国共产党的成

表现中国共产党第一次全国代表大会场景的蜡像群像　　　　　　俄国庆／供图

立，是经过信仰选择的过程，经过理论思潮的比较，一开始就有强大的精神力量的支撑。

最初的 58 名党员，除个别外，家境都不算坏，大多属于中等家境。经过个人奋斗，大都会有比较好的前途，而且，有的已经拥有比较高的社会名望。这说明，他们中的绝大多数，都不是因为生活所迫才参加革命，不是为了个人的名利和生活前途才聚集在马克思主义旗帜下的。他们是怀抱信仰和信念才走到一起的。

最初的 58 名党员，大多是年轻人。绝大多数是 100 年前的"90 后""95 后"，有的甚至是"00 后"。由此决定，中国共产党与生俱来的精神气质——充满朝气，敢为人先，不断探索。说明中国共产党的事业，是永远年轻的事业。

选择信仰很难，坚守信仰更难。

参加中共一大的 13 个中国知识分子，再加上李大钊和陈独秀，在风风雨雨的行程中，有人上了"船"又跳了"船"，或主动地下了"船"，在历史的透镜下，放射出令人唏嘘的人生光谱。

李大钊，致力于中国北方党组织的建设，曾极力促成国共合作，在大革命中活跃在中国共产党和中国国民党的高层政治舞台。1927 年被主政北洋政府的东北军阀张作霖杀害，用的是绞刑。

陈独秀，一生毁誉相参。他担任过 5 任中国共产党的最高领导人，后被开除出党，随后又被国民党抓进监狱坐牢，自称"终身的反对派"。1942 年，在四川江津的一个小山村凄凉病逝。

王尽美，因投身工人运动，过度劳累身染肺病，1925 年 27 岁时病逝于青岛。

邓恩铭，1928 年在济南因叛徒出卖被捕，两次越狱未果，

中共一大代表邓恩铭

海峰 / 供图

中共一大代表陈潭秋

张庆民 / 供图

中共一大代表李汉俊

张庆民 / 供图

1931 年 31 岁时被国民党枪杀。

何叔衡，是中共一大代表中年龄最大的一位。1935 年在福建长汀被敌人包围时，纵身跳下山崖，时年 59 岁。

陈潭秋，1943 年 9 月 47 岁时，被新疆军阀盛世才秘密处死。中国共产党直到两年后都不知道他的下落，在 1945 年第七次全国代表大会上还推选他为中央委员。

中共一大代表刘仁静

俄国庆 / 供图

李汉俊和李达，因不满陈独秀的家长制作风等，在 1923 年脱党。但他们并没有背叛信仰。李汉俊继续从事革命活动，1927 年被反动军阀杀害，1952 年被定为烈士；李达则继续研究和宣传马克思主义，1949 年重新回到党内。

刘仁静和包惠僧，后来也脱党了。刘仁静成为"托派"，还专门去见过托洛茨基。包惠僧脱党后曾在国民党政府任职。1949 年后，两人都承认了错误，晚年任国务院参事。他们一直活到 20 世纪 80 年代，看到了中国改革开放的最初模样，是参加中共一大会议的人当中最晚去世的。

出席中共一大会议的包惠僧

俄国庆 / 供图

陈公博和周佛海，在大革命时期就和党离心离德，随后脱党，中国共产党正式作出决定，开除他们的党籍。两人加入国民党，成为高官。

中共一大代表陈公博

俄国庆 / 供图

抗日战争中，双双追随汪精卫到南京伪国民政府当了汉奸。抗战胜利后，陈公博被枪决，周佛海死于狱中。

张国焘，参加中共一大后，长期担任中国共产党和红军的重要领导职务，一直很活跃，曾经是鄂豫皖革命根据地和红四方面军的主要领导人。长征途中，搞分裂，甚至另立"中央"。1938年逃离延安投奔国民党，成为叛徒。1979年12月在加拿大多伦多的老人院里去世。

1949年10月1日，中共一大代表中的毛泽东和董必武，站立在天安门城楼上，成为新中国的开国元勋。毛泽东当时是中华人民共和国中央人民政府主席，董必武后来曾担任中华人民共和国代主席。董必武1975年逝世，毛泽东

中共一大代表周佛海

俄国庆 / 供图

中共一大代表张国焘

张庆民 / 供图

中共一大代表董必武

李军朝 / 供图

1976 年逝世。

　　真是大浪淘沙。一起出发，结局不同。有的人随时代潮流前进，有的人沉到江底，原因在于是不是能够不忘初心，牢记使命。

第 二 章

「信仰之力」

应对严重危机

★ ★ ★

　　中国共产党在革命年代，曾两次遭受重大挫折：第一次是1927年国共合作的大革命失败后，党员人数从6万人减少到1万多人；第二次是1934年中央根据地第五次反"围剿"失败后，被迫进行长征，全国红军从近30万人下降到3万人左右。面对这两次几乎陷入绝境的危机，中国共产党都奇迹般地挺过来了，并且创造了历史的传奇。

　　这里，只说说长征的传奇。

　　关于长征，后人在赞叹和回望之余，免不了要追问和思考：当时身陷绝境的人们，靠什么凝聚起越来越小的能量，使自己成为一支拖不垮打不散的队伍？靠什么渡过陷入绝境的危机？一句话，传奇，是怎样创造出来的？

什么是"不可战胜的力量"

　　在人类历史上，为了生存或者战争，一支队伍的远征常常引起后人的无限遐想和惊叹。在西方人的视野中，经常谈论的远征大概有3次：公元前1500年左右，摩西带领以色列人奔离埃及；公元前218年，迦太基的汉尼拔挥师翻越阿尔卑斯山；公元1812年，拿破仑率几十万大军从俄罗斯千里雪原大撤退。他们都创造了迁徙和远征的奇迹。

但是，1936年中国工农红军的长征结束后，以上那些奇迹被一位名叫埃德加·斯诺（Edgar Snow）的美国年轻人打上了问号。埃德加·斯诺是美国著名记者，在和长征亲历者们接触后，他说，长征"在人类活动史上是无可比拟的，任何比拟都是不恰当的"。

我们先看看二万五千里长征的概貌：

1934年10月，为摆脱国民党军队的包围追击，中国共产党领导的红一方面军（中央红军）、红二方面军、红四方面军和红二十五军分别从各苏区向陕甘苏区实施战略撤退和转移。1936年10月，红军第一、二、四方面军在甘肃会宁、静宁会合，长征结束。长征是人类历史上的伟大奇迹，长征途中红军共进行了600余次战斗，攻占700多座县城，红军牺牲的营以上干部多达430余人，平均年龄不到30岁，共击溃国民党军数百个团，

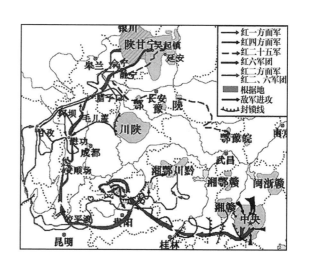

中国工农红军长征路
线示意图

其间共经过 14 个省，翻越 40 余座大山，跨过近百条大河，走过荒草地，翻过雪山，行程约二万五千里，因此长征又被称作二万五千里长征。

走过长征的红军战士，几乎对篝火都有着深刻的记忆。到达宿营地的队伍总是先燃起篝火，给仍在夜色中行军的战士引路。对于伤病掉队的人来说，篝火意味着温暖和生机，意味着艰难跋涉中永不懈怠的努力与坚持。在渺茫静寂的荒野中，哪怕还有一团跳动的火苗，都足以给前行的人们带来力量与希望。

照耀漫漫征途的篝火，事实上已成为燃烧在官兵心中的理想信念。

世界上一切卓越的事业都来自不凡的信念。中国共产党领导的工农红军，实际上是一支承载并不惜一切去实践其理想信念的军队。

如果排列一下这支队伍骨干们的身份，或许会让许多人大吃一惊。据不完全统计，长征途中军级以上干部和大批文化人中，至少有 50 人分别到苏联、美国、法国、德国和日本留过学，毛泽东虽然没有出国留学，但他的学识却是一般人无法比拟的，而像贺龙这样的将领，也都曾是国民党的高级军官。

如果为了自己的前程，在当时的中国，他们完全可以轻而易举地拥有一份富足而体面的生活。如果说他们是"造反者"，那么，他们是中国历史上从未有过的高素质的"造反者"。毫无疑问，这是一群在确立了信仰之后，为了真理来干革命的时代精英。

有什么力量可以"围剿"住这群有文化、有信念、有主义的队伍呢？他们完全自愿自觉的追求，孕育了足以融化所有困难的坚定意志与乐观情怀。

于是，一种不可思议的现象出现了：在这支每时每刻都在与死神打交道的队伍里，有用法语唱《马赛曲》的，有用俄语唱《国际歌》的，有跳非洲黑人舞的，也有跳苏联水兵舞的，甚至还有用德文版《共产党宣言》宣讲革命真理的。在几乎每天都有战斗的生活中，他们依然进行着各种各样的艺术创作。比如，写诗词、刷标语、写生、编话剧、编快板，由此孕育出一批戏剧家、书法家和画家。长征初期，病后虚弱的毛泽东，即使躺在担架上也专心致志地阅读马列经典。沿途能看到鼓舞人心的各式标语，听到鼓舞人心的快板。红军进驻贵州遵义城的时候，还举行了一次篮

云南迪庆红军长征博物馆反映红军过草地的模拟场景（雕塑）　　　　　刘朔 / 供图

球赛，连红军的总司令朱德也上场竞技一番。

如此浪漫的氛围，如此激情的征程，如此乐观的精神，今天的人们或许难以理解。实际上，理想主义和乐观主义本来就是相生相伴的精神境界。当人们坚守信念，追求理想，完全是一种自觉的行为时，承受磨难似乎可以转化成一种幸福，那是处于精神巅峰的人才会拥有的体验。

1936年6月，埃德加·斯诺访问陕甘宁边区，写了大量通讯报道。在陕北采访时，他问一位小红军"为什么参加红军"，得到的回答是："红军对我们好，红军帮助穷人，红军教我们读书、识字。"斯诺感慨万千，"被动的知足在中国是司空见惯的，而更高级的幸福感蕴含着对生存抱有一种积极的感觉，这在中国实属罕见""我在那里遇到的人们似乎是我所知道的最自由最幸福的中国人。在那些献身于他们认为完全正义的事业的人们身上，我强烈地感受到了充满活力的希望、热情和人类不可战胜的力量"。

埃德加·斯诺《西行漫记》中的红军影像

有了对生存的积极感觉和希望活力的红军战士，同样也拥有了在中国实属罕见的自豪感。当普通士兵的精神世界盛开出理想之花的时候，将会出现一种什么样的景象呢？

　　长征途中，暴雪覆盖了一个倒下的战士的身躯，在生命的最后一刻，他伸出一只手臂，拳头里紧握着的是一张党证和一块银圆，党证上写着："刘志海，中共正式党员，1933年入党。"

　　普通士兵就这样把自己的生命和信念一道托举到了人类精神的永恒天空。有位哲人说：如果追随理想而生活，本着真正自由的精神，勇往直前的毅力，诚实不欺的思想而行，则一定能够到达至善至美的境地。红军的长征，也是一种精神的长征：以"真"为开始，以"善"为历程，以"美"为最终的追求。

云南迪庆红军长征博物馆反映红军翻越雅哈雪山的模拟场景（雕塑）　　　　　刘朔／供图

据不完全统计，长征队伍中，大约54%的人都在24岁以下，只有4%的人超过40岁。正是这样一支充满蓬勃朝气的队伍，背负着信仰和希望，走向一个国家新生的旅程。在当时对前途难以预测和把握的历史航道里，他们没有任何的退缩和动摇，起关键作用的，便是那种发自内心的历史自觉和必胜信念。

年过半百的谢觉哉老人，担任中华苏维埃共和国内务部部长。在长征途中，许多文件和资料都不得不销毁了，但他唯独把一枚刻有"中央人民政府内务部"的印章始终带在身边。他坚信，只要党和红军存在，苏维埃政权就会存在。这种执着坚守，构筑了整整一代人生命的全部轨迹。

红一方面军一路拼杀，在经历惨烈的湘江之战后，8万之众锐减到3万余人。蒋介石认为，成为"流寇"的红军气数已尽，全军覆灭指日可待。他调集几十万重兵把红军逼到了云贵高原和青藏高原的交会地带，在中国地理环境最复杂的地区，展开一场极不对称的较量。正是在纵横无向的穿行中，长征仿佛地理大发现一样，在神秘的西部地域开辟了一条战胜敌人的通道。

事实上，红军开辟的是一条创造历史的精神航道。正所谓"心上有了理想的高峰，每个脚印都成了理想的路标"。这是一条怎样的精神航道？航道上留下的是一些什么样的路标？在长征途中，毛泽东说过这样一句话：一夜宿营能干点什么呢？起码可以教给房东6个字：打土豪，分田地。这6个字，恰恰是当时红军最基础的信念。由穷苦人组成的这支世界上罕见的队伍，一路上告诉人们的也始终是这样一句话："我们是穷人的队伍。"

广西壮族自治区桂林市兴安县红军长征突破湘江烈士纪念碑园　　　曾志／供图

　　在生命边缘坚守信念的同时，红军还沿途传播着他们的理想。他们用炭棒、白灰、红土刷刻下各种标语口号。据1935年3月10日《红星报》报道，红军某部在两天时间里写了600多条标语。伴随着红军的足迹，这些昭示理想的路标，把沿途的穷苦人也引向了一条精神的航道。信念的火炬同时点燃了穷苦人为命运作主的意识和尊严！

　　于是，长征的性质也由走投无路的撤退，变成走向胜利的序幕。

创造生命奇迹的意志力

　　2003年7月，来自英国的两位年轻人李爱德、马普安决定

反映飞夺泸定桥的油画

挑战当年中央红军红四团从安顺场奔袭泸定桥的速度：一昼夜240里。结果，他们晚到了13个小时。也许他们并不清楚，即使他们真的在一昼夜内到达泸定桥，和当年的红军奔袭也依然没有多少可比性。当时的崎岖小路现在已经变成了平坦的公路；红军沿途还作战两次，消灭掉一个营的川军。

这实在是时过境迁的两种历史空间，由此呈现的也只能是两种生命状态。于是，历史永远记住了1935年5月29日的那个清晨。一昼夜奔袭240里的红四团的勇士们，创造了空前的生命纪录。

有了这样的生命纪录，历史，就从泸定桥那13根晃悠悠的铁索上度过去了。

半个世纪后，一位叫谢伟思的美国军官，在泸定桥边慨然长叹："在近50年之前克服种种艰难而夺取这座桥的伟大红军战士面前，每个人都会感到自己的渺小。"

生命是什么？似乎每个人都曾追问这个古老而又常新的"斯芬克斯之谜"。今天的人们会有或深刻或浅薄或浪漫或务实的答案。

对80多年前的长征者来说，他们的生命却是一些实实在在的东西。或许，它是高山的悬崖绝壁，是江河的险滩逆流，是天空的变幻莫测，是草地的渺无边际；或许，它是枪膛里的最后一颗子弹，是腰间系着的最后一根皮带，是战友粮袋里的最后一把炒面，是雪山顶上的最后一口稀薄的空气，甚至还是几粒藏在风干的牛粪里的青稞。红军的生命，似乎就是这些非常具体的转瞬即逝的生存机会，在这些实实在在的东西背后，始终有一个抽象的东西在支配着他们——那就是克服一切困难的意志！

长征是一段特殊的生命旅程，是由红军官兵的意志抒写的轨迹。它是对生存意志的一次最严肃的拷问，也是对生命的物质能量与精神能量的一次伟大发现，并且为后人树立了一个仰望生命高峰的界碑。

在1955年授衔的将军中，有13位断臂或独腿的将军。他们的故事告诉后人：红军长征前行的每个脚印，都在诠释着英雄，也诠释着生命的含义。像长征这样无后方依托供给、长时间长距离的行军作战，在世界军事史上是极为罕见的。于是，有人把长征比作充满苦难的炼狱。或许，正是在这炼狱中，生命的耐力与能量一次次得以延续和提升。

面对这样的生命意志，死神有时也耗尽了耐性。

红军总政委周恩来的妻子邓颖超，在长征途中患上了严重的肺结核。长征结束后，她被秘密送到北平治疗。医生发现，肺部空洞都已钙化，竟然不治而愈。这样的奇迹在不少长征的幸存者身上都发生过。他们说，那时候不敢生病。不敢生病竟然就不生病或是很少生病，生了病竟然会自然痊愈——生命完全服从了意志。

对女红军来说，参加长征可能是她们生命中最悲壮的一页。她们像男人一样行军、打仗，筹粮、筹款，抬担架，做群众工作，护理伤病员，但她们承受着比男人更为严峻的考验。红四方面军工兵营政委王泽南，凭一双"解放脚"走过了雪山草地；红一方

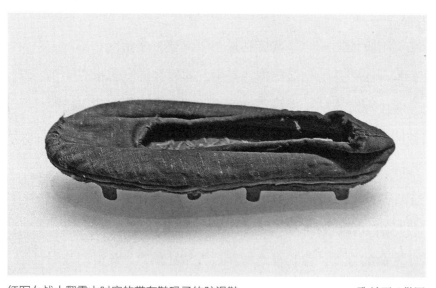

红军女战士翻雪山时穿的带有鞋码子的防滑鞋　　　　　　孔兰平／供图

面军九军团女红军杨厚珍则是拖着一双"小脚"走完了长征路。

什么是"解放脚"呢？中国古代妇女有缠足的陋习，以"三寸金莲"小脚为美。辛亥革命推翻清王朝后，缠足陋习才逐渐被废除。但在农村和边远地区仍然沿袭陋习，直到五四新文化运动兴起，缠足陋习才最终走向灭亡。那些双脚在幼年时被缠裹，中途放开的，被称为"解放脚"。那些双脚已经被缠裹定型的，则称为"小脚"。

长征之所以为长征，绝不仅仅是几乎每天的战斗考验，还在于必须跨越茫茫的雪山草地，接受生存意志和生命极限最严酷的挑战。

在红军医生戴正启的回忆中，"草地太荒芜，几百里，几万平方公里没有一点人迹，就好像我们是地球上最后一批人"。草地是名副其实的吞噬生命的"死亡陷阱"，许多红军官兵陷进沼泽地后，人们只能眼睁睁地看着他们一点点被泥水淹没。

在荒无人烟的地方，更要命的是缺吃少喝。前面的部队把能够吃的菜叶、茎尖掐光了，后到者就只好拔草根来吃。在几近于原始人的生存状态下，煮身上的皮带吃，便成为维持生命的最后一个机会。今天的中国国家博物馆，依然保存着红二方面军总政委任弼时在长征中没有吃完的半根皮带。仅靠草根和皮带，生命是很难维系的。据估计，各路红军在草地牺牲的有 1 万多人，仅营级以上的干部就达 430 余人之多。

班佑，是红军走出草地后的第一个大村落，在这里流传着许多红军的故事：红军离开后，藏民看到很多房子里都有死去的红军战士，清理时发现他们的遗体都非常轻，一只手就可提起，而且一拉就发生断裂……这让在生死问题上很旷达的藏民困惑了很多年。

在这些悲壮的生命故事里，人们知道了什么叫"流尽最后一滴血""耗尽最后一点力"。每个参加长征的人真是提炼出了生命能量中最后的精粹，没有精神支撑，生命也许早已枯萎了。

倒下的红军，带走的是饥饿与疾病，留下的是奋斗到最后一刻的意志。对幸存者来说，这段生命的特殊历程则锤炼出更坚强的意志。一位外国学者由此评论说："长征无论从哪个角度讲，都是一部生命的史诗。"

汇成强大铁流的凝聚力

据统计，从1934年8月红六军团奉中央命令西征开始，到1936年10月红一、二、四方面军在甘肃的会宁和静宁将台堡会师，长征的红军组织过600多次大小战斗，投入师以上部队参加的战斗达120次。

在重兵围追堵截之中，缺少装备且疲惫不堪的红军一路厮杀，为什么如铁流一般不可阻挡？

参加长征，半途受命转赴莫斯科向共产国际汇报工作的中央政治局常委陈云，是这样汇报的："每次战斗前，连队的党员都召开会议，选出后备指挥员，大约有四五个人。如果连长在前线受伤或者牺牲了，队伍不会跑散，因为第一后备连长会立即挺身而出；如遇不幸，第二后备连长又会代替他，一个接着一个。党员受伤后，为了不影响同志们的情绪，总是对他们说：'没关系，你们继续前进吧。'"

这是对长征红军的高度组织纪律性和罕见凝聚力的生动注脚。

不言而喻，长征红军的凝聚力，来自每一级团队在危险时始终有一个主心骨，而这些人在危急时刻，总是毫不犹豫地勇往直前。参加过长征的老红军们都会这样说，长征时天天打仗，战斗最激烈的时候，都是干部、党员带头冲锋的。

红二方面军第6师第18团，长征途中不到一年的时间里连续换过4任政委。第一任政委余秋里和第二任政委杨秀山在战斗

红军战斗冲锋雕塑   刘朔 / 供图

中身负重伤；继任的董瑞林和周声宏都不幸中弹牺牲。红军指挥员身先士卒的脚印，把集体的力量串连在了一起，为整个部队营造了浓郁的英雄主义氛围。

不能不承认，长征就是一次需要英雄而且英雄辈出的悲壮历程。在长征途中，有两句话是官兵们的常用语：打仗时常说"跟我来"，负伤乃至牺牲前则是"别管我"。这两句话或许囊括了"英雄"的全部含义。千千万万视死如归的英雄前仆后继地抱成一团，英雄就不再是个体，而是一个群体。对于这样的群体，还会有什么力量能够打败他们？

和其他军队不同的是，红军中的英雄，不仅诞生在枪林弹雨的战场硝烟中，也常常孕育在行军宿营的日常生活中。这样的英雄，一路上默默奉献，倒下时悄无声息。在红一方面军红三军团司务长谢方祠的记忆中，他的连队9名炊事员都倒在了长征路上，其中5人是在过草地时饿死的。为他人做饭，自己却被饿死，这要有何等的人格境界?！没有惨烈的场面，没有豪迈的气势，烧水煮饭的9位炊事员同战场上的4任团政委，同样悲壮与崇高。

正是每个人身上高扬的集体主义精神，让红军拥有了罕见的凝聚力，以至于平凡的人在这个集体的熏陶下能够成为英雄，进而甘愿为了集体而奉献自己的全部。

除了共同的信念、明确的使命和严明的纪律，红军的凝聚力还来自官兵平等的制度和相互关爱、生死相依的情感氛围。过草地时，毛泽东和十几个战士一同拉着一根绳子前行，并感慨地说：

"大家都是一根绳上的'蚂蚱'，我们的力量就要这样拧成一根绳。"红军总司令朱德总是"命令"战士们把可能有毒的野草先煮给他吃，然后再发通知让战士们吃。红二方面军总指挥贺龙，连续为一名生病的红小鬼陈伢子找来4匹马让他骑着走，当第4匹马也倒下时，他又找来第5匹马。他说，只要是活人，都要带着前进，这都是革命的种子。

我们来看发生在长征路上的一个小故事：时任红四方面军兵站部部长的吴先恩回忆说，1936年7月中旬，过草地继续北上出发前的一天晚上，朱德找他了解红四方面军伤病员情况，当了解到兵站部在为牲口驮伤员还是驮枪支发愁时，朱德说："把多余的枪支统统毁掉！"

"这……按照红四方面军的规定，枪是用生命和鲜血换来的，是战士的第二生命，毁枪是要受处分的！"

"嗯，这个规定好！"朱德拍着吴先恩的肩膀说，"情况不同了，过去是人多枪少，随时都有兵员补充；现在是人少枪多，人是最宝贵的，多一个人，革命就多一份力量。""要人不要枪。把枪统统毁掉，如果受处分，由我替你顶着！"

吴先恩算了算又说："把驮枪支的牲口全部驮伤病员，还有100多伤病员带不走。"

朱德沉思片刻后，亲自通知各单位："领导同志有两匹牲口的抽一匹，有的同志年轻力壮的，可以两个人轮流骑一匹，也抽出一匹来。总之，要想尽一切办法，把伤病员全部带走。"

就这样，红军领袖和首长成为生死相依的凝聚力中心，通过相互感染、传递，在长征队伍中蔚然成风。于是，一袋干粮，一口炒面，一把野菜，一只有力的手臂，一次拉马尾巴的机会，都可能给绝境中的人带来生存的机会和前进的动力。千百个这样的故事汇合成长征精神的洪流，形成了红军拖不垮、打不散的强大凝聚力，并且使这支队伍成为人类历史上从未有过的让人向往的精神家园。仅此一点，就足以成为或养伤或掉队的红军不惜一切赶回队伍的全部理由。

对这样一个群体，虽然当时大多数中国人对他们一无所知，但只要跟他们有过一面之缘或稍微有些交往的人，都会在不长的时间里受到感染。于是，长征途中的红军，凝聚自身的同时，也吸引、吸附、吸收着一切向往它的人们。

长征中参加红军的部分彝族战士

海峰／供图

经苗区，有苗族群众入伍；过彝区，有彝族同胞参军。家住四川阿坝马尔康、信奉佛教的僧人天宝，红军经过他的家乡时，他脱下袈裟参加了红军，成了中国工农红军的第一批藏族战士和中共第一批藏族党员。当过国民党贵州军政府总理和黔军总司令部秘书长的周素园，年近花甲，也毅然参加了红军，由此成为长征中年龄最大的红军新战士，踏上充满艰险的远征。

1934年至1935年，星罗棋布于中国南部和中部的革命根据地的红军，先后开始了迁徙和转移，有的上万里，有的数万里。但各路红军的长征从来都不是孤立的，他们总是围绕总的战略意图，实行密切的战略协同与配合。从整个过程来看，所有长征的红军一次次、一段段，或直闯关隘，或迂回曲折，但整个方向呈现出自南向北进发的大走势。

于是，长征中的红军便有了7次大会师。会师成为长征中一道独特而壮丽的风景线：相互之间互赠给养，交流干部，介绍经验。顾大局、讲团结成为红军处理内部关系的自觉准则。每一次会师都是长征途中的一个盛大节日；每一次会师，都在向世人雄辩地证明：红军是名副其实的"斩不断的洪流"；每一次会师，都是一次开拓前进之力的凝聚与整合！

1936年10月，红一、二、四方面军的大会师，标志着长征胜利结束。但他们付出的代价却是高昂的。出发前各路红军有近30万人，这时候只剩下3万人左右。

但毛泽东从他们身上看到了未来："我们的人是少了一些，但都是经过严峻锻炼和考验的中国革命的精华，你们不仅要以一当十，而且要以一当百、当千。"正像物理能量有聚变和裂变一样，通过空前凝聚的红军力量，一旦释放出来，确实可以以一当十、以一当百。

一个叫索尔兹伯里的美国作家，晚年到中国采访后，1985年把他在美国出版的书定名为《长征——前所未闻的故事》。书中说："本世纪没有什么事件比长征更令人神往和更为深远地影响世界的前途了。"

美国学者威廉·莫尔伍德评论道："长征塑造了一代新人，这代新人在不到20年的时间里，就推翻两千年来停留不前的伦理体制和政治制度。长征简直是将革命划分为'公元前'和'公元

1936年10月9日，红一、二、四方面军在甘肃会宁会师。图为红一、二、四方面军与红十五军团干部合影

李军朝／供图

后'的一条分界线，其后发生的一切事情都要从这个举世无双的奇迹说起。"

他们说的都是事实。

新中国成立后，授衔的中国人民解放军"十大元帅"，其中有9位都是长征途中的高层将领。没有参加长征的陈毅，也是留在中央根据地坚持打游击战九死一生的幸存者。

新中国成立时，中共中央最高领导层是"五大书记"：毛泽东、刘少奇、周恩来、朱德、任弼时，他们都是长征的领导者。

"五大书记"逝世后，邓小平、陈云、叶剑英、李先念被称为中国共产党第二代中央领导集体重要成员，邓小平是核心。他们领导中国人民开创了改革开放的历史新时期。无一例外，他们也都参加了长征。

第 三 章

「民族先锋」

抗战的中流砥柱

★ ★ ★

1935 年 12 月瓦窑堡会议通过的决议中，中国共产党就把自己的性质确定为两个先锋队，"中国共产党是中国无产阶级的先锋队……同时中国共产党又是全民族的先锋队"。这"两个先锋队"的表述，被写入了今天的党章，正式说法是，"中国共产党是中国工人阶级的先锋队，同时是中国人民和中华民族的先锋队"。在革命战争年代，所谓中华民族先锋队，就是走在争取民族独立和解放的最前沿。

1931 年，日本军队侵占东北，中华民族由此开始处于生死存亡的关头。随后，日本军队相继侵噬华北，并在 1937 年挑起全面侵华战争。全民族抗战爆发了。在这场争取民族独立和解放的战争洪流中，中国共产党是怎样肩负起先锋队的历史责任，展示出深厚民族情怀的呢？今天的人们用 4 个字来形容，叫作"中流砥柱"。

一篇祭文背后的故事

历史的逻辑，总是分分合合。从 1927 年到 1937 年，中国国民党和中国共产党打了 10 年。在民族危亡的关键时刻，民族的大义仿佛能改变一切。毕竟都是炎黄子孙，覆巢之下，安有完卵？炎黄子孙必须化敌为友，共赴国难。中国共产党之所以提出自己是全民族的先锋队，目的就是把不同阶级的人都争取过来，共同抗日。

1936年12月12日，在全国抗日救亡运动的推动和中共的影响下，国民党将领张学良、杨虎城为敦促蒋介石抗日，发动"兵谏"，在西安扣押了蒋介石，并向全国发出"停止内战、一致抗日"的通电。12月17日，中共中央派遣周恩来前往西安。在分析了国内外形势之后，中共中央以中华民族利益的大局为重，确定了和平解决西安事变的方针。根据这一方针，周恩来与张学良、杨虎城共同努力，经过谈判，迫使蒋介石作出了"停止剿共，联红抗日"等六项承诺。在周恩来的斡旋下，"西安事变"最终得到

1937年清明节，国共两党代表公祭黄帝陵　　　　　　　　　海峰／供图

民族先锋：抗战的中流砥柱 ▍ 第三章　　　051

和平解决，从而为结束内战、实现第二次国共合作创造了条件。

西安事变后，中国共产党倡导的，以中国国民党和中国共产党的合作为基础的抗日民族统一战线，逐步形成了。

远古时期，在流经陕西和山西的黄河中游，传说有一位姓姬的部落首领，号轩辕氏。他既有武功，又擅文治，统一了天下。后人就一直把他当作中华民族的共同祖先，称他为轩辕黄帝。为了纪念他，人们在陕西桥山建造了一座中国最早的陵墓——黄帝陵。桥山所在的县，也称为黄陵县。历朝历代，清明时节，中央政府都要派人到黄帝陵举行大型祭奠仪式。民族的香火，靠"黄帝"这个若有若无、又远又近的人物的凝聚，延续了一代又一代。

1937年4月5日清明节这一天，对黄帝陵来说，是个特殊的日子。毛泽东和蒋介石同时派代表来到这里，祭奠共同的祖先。

毛泽东的代表是林伯渠，曾是国民党的早期党员。

蒋介石的代表是邵力子，曾是共产党的早期党员。

林伯渠在黄帝陵前念了一篇毛泽东手写的祭文，这是一篇地道的四言古体文章，一般人不大懂。

毛泽东手写的这篇祭文的原文是：

赫赫始祖，吾华肇造。胄衍祀绵，岳峨河浩。
聪明睿智，光被遐荒。建此伟业，雄立东方。
世变沧桑，中更蹉跌。越数千年，强邻蔑德。
琉台不守，三韩为墟。辽海燕冀，汉奸何多！
以地事敌，敌欲岂足？人执笞绳，我为奴辱。

懿维我祖，命世之英。涿鹿奋战，区宇以宁。

岂其苗裔，不武如斯。泱泱大国，让其沦胥？

东等不才，剑履俱奋。万里崎岖，为国效命。

频年苦斗，备历险夷。匈奴未灭，何以家为？

各党各界，团结坚固。不论军民，不分贫富。

民族阵线，救国良方。四万万众，坚决抵抗。

民主共和，改革内政。亿兆一心，战则必胜。

还我河山，卫我国权。此物此志，永世勿谖。

经武整军，昭告列祖。实鉴临之，皇天后土。

尚飨！

如果翻译成白话文，今天的人们很容易体会到以毛泽东为代表的中国共产党人当时的心境——

声名显赫的轩辕黄帝啊，你缔造了我们中华民族；你的子孙繁衍，祭祀你的香火连绵不断，就像巍峨的五岳、浩荡的黄河。你智慧的光芒照耀着祖国的山山水水，让古老的中国屹立在世界的东方。

世事变化犹如沧海桑田，我们的历史就像山路一样崎岖坎坷，就像河流一样曲折回环。几千年后的今天，强盛的日本不讲道义，夺走我们的台湾诸岛，又让朝鲜变成了废墟。更让人痛心的是，辽东河北一带出了那么多的汉奸，捧着自己的国土去侍奉仇敌，可敌人的欲望哪里会有满足的时候呢？看啊，敌人正拿着绳索，举着鞭子奴役我们的同胞，这是多大的耻辱！

美德彪炳的轩辕黄帝啊，你是拯救世危的英雄。你曾在河北涿鹿一带大战蚩尤，统一了中国，使广袤的土地获得和平安宁。哪里想到你的子孙如此缺少勇武气概，竟让堂堂中华衰败沉沦。

我毛泽东之辈，虽然没有济天大才，但挥戈披甲，奋力奔走，驰骋万里，这都是为了给祖国尽力效命。历经险阻，苦斗多年了，不驱除日寇，茫茫神州，不可能有我们的家园。

面对民族存亡的大事，我们发誓永远不会忘记自己的使命；面对列祖列宗的英灵，我们决心整顿军队，经营战备，共赴国难。请大地明察，请苍天作证，我们黄帝子孙的一片赤诚。

伟大的祖先呵，请享用我们的祭品吧！

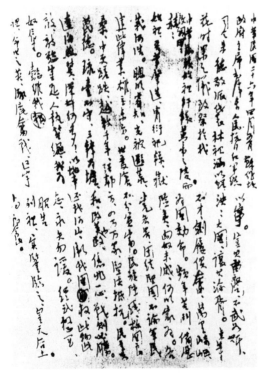

毛泽东撰写的黄帝
陵祭文手稿

文化传播 / 供图

4个多月后，担任八路军政治部主任的任弼时，在祭拜黄帝陵时，看到了轩辕庙内供案上的毛泽东祭文手稿。他意味深长地说："这是我们共产党人奔赴前线誓死抗日的'出师表'。"我们知道，《出师表》是三国时期蜀汉丞相诸葛亮率领军队北伐中原时，写给皇帝的一封奏表。里面反复陈明出师北伐的心志，展示出对国家的一片忠诚。后人甚至说："读《出师表》而不流泪者，其人必不忠。"

毛泽东的祭文表达的信念，就是他此前说的三句有名的话："我们中华民族有同自己的敌人血战到底的气概，有在自力更生的基础上光复旧物的决心，有自立于世界民族之林的能力。"

中国共产党的这番自白，表达了全体中国人的心声。在毛泽东写下这篇祭文3个月后，全民族抗战正式爆发。蒋介石在庐山发表谈话："地无分南北，人无分老幼，无论何人，皆有守土抗战之责，皆抱定牺牲一切之决心。"

1938年，在武汉举行纪念抗战一周年的群众大会上，国民参政会最年长的参政员、年逾古稀的前清老翰林张一麐说了这样一句话，七七抗战是最光荣的一天，希望大家"永远竖起一条脊梁"。

欺凌一个民族，不可能不唤醒一个民族，这是所有侵略者不能不遭遇的历史铁律。在民族存亡之际，中华民族身上蕴藏的强大凝聚力和不屈不挠的斗争精神，散发出格外耀眼的光芒。中国人民在强大的日本侵略者面前挺起自己的脊梁，爆发出一种以民族精神空前觉醒、爱国激情空前高涨、民族凝聚力空前增强为鲜明特征的抗日民族精神，进而创造出一个经济和军备实力都远不如侵略者的弱国，最终打败帝国主义强国的战争奇迹。

团结全民族力量的"法宝"

任何被压迫的民族和被欺凌的国家，要求得生存和发展，都不可避免会遇到这样或那样的困难和危险，但这并不是最可怕的，最可怕的是这样的国家和民族不能团结一致去抵抗外来侵略。

怎样才能团结各方面人群，把中华民族争取独立和解放的气概、决心和能力凝聚起来，释放出来呢？中国共产党倡导建立的以国共两党合作为基础，包括一切抗日的阶级、阶层、政党、团体、爱国人士、少数民族、港澳台同胞、海外华侨的抗日民族统一战线，就是凝聚抗日民族精神、强大民族抗战力量的政治形态和重要途径。毛泽东经常用"政策"、"方针"、"原则"、"法宝"

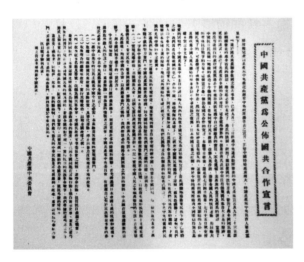

1937年9月22日，国民党中央通讯社发表《中国共产党为公布国共合作宣言》。次日，蒋介石发表谈话，指出团结御侮的必要，实际上承认了中国共产党的合法地位。抗日民族统一战线自此正式形成　宝盖头/供图

和"战略"这样一些概念来定位抗日民族统一战线。

开始的时候，国共两党的合作是顺利的，人们同仇敌忾，共赴国难。毛泽东等人还在国民政府里担任了参政员，周恩来则成了国民政府军事委员会政治部副部长，还被授予中将军衔。1938年，周恩来到武汉。他的才干在国民党军政界人尽皆知，他刚一露面，国民党核心人物孔祥熙就请他到自己控制的行政院财政部任职，周恩来拒绝了。

汇聚在抗日民族统一战线这面旗帜下的成员很复杂，既包括农民和小资产阶级，又包括地主、民族资产阶级、开明士绅、地方实力派和海外华侨，当然，也包括在经济上和西方资本存在千丝万缕联系的大资产阶级。这些政治力量既有合作抗日的共同要求，又同中共的信仰主张存在分歧。

如何争取和团结他们一道抗日，是件很复杂的事情。中共既要在抗日战争中发挥中流砥柱作用（比如，开辟敌后战场，在侵华日军背后建立抗日根据地），还要用自己的政治主张来影响人们，甚至用自身的人格力量来感染人们。

周恩来长期担任中共中央南方局书记，主要在国统区领导党的工作，同方方面面的人士打交道，做了大量争取和团结各界社会名流的工作，使他们逐渐消除了对共产党的疑惧，逐步接受中共的主张。人们都说他是身处陕北黄土山沟的共产党连接外部世界的桥梁，也是各方面人士了解和认识中国共产党的一个人格化的象征。

在周恩来的主持下，国民政府军事委员会政治部的第三厅，

冼星海指挥延安鲁迅艺术文学院合唱队排练《黄河大合唱》 海峰 / 供图

聚集了一大批著名的文化人，由诗人郭沫若出任厅长。他们开展了大规模的抗日宣传活动，组织抗战演剧队、抗敌宣传队、儿童剧团分赴全国各地。一批共产党员在其中发挥了重要作用。

诗人光未然（张光年）就是在率领一支抗敌演剧队途经黄河的时候，构思了《黄河大合唱》这首千古绝唱的歌词。一个曾经留学巴黎的音乐家，叫冼星海。来到延安后，住在一间低矮的窑洞里，根据光未然的歌词，创作出了他一生中最辉煌的作品——《黄河大合唱》。人们都说这部作品体现了中华民族永不屈服的灵魂和激情。直到今天，它还经常被世界各地的华人所演唱。这部诞生在抗日烽火中、诞生在延安窑洞里的作品，不论党派，不论阶级，都很喜欢。

抗战初期，组成以国共两党合作为基础的抗日民族统一战线，势所必然。最难也最为关键的是，随着战局变化，在极端复杂的政治形势、异常诡谲的战争环境下，这个政治"法宝"怎样才能维系和巩固。比如，在抗日战争进行到相持阶段，也就是最困难的时候，国民党先后发动三次"反共"高潮。应对此番复杂局面，中国共产党高举的旗帜是，"坚持抗战、反对投降"，"坚持团结、反对分裂"，"坚持进步、反对倒退"；中国共产党设定的目标是，"要使国民党既不能投降又不能'剿共'"，"我们一定不要破裂统一战线，但又决不可自己束缚自己的手脚"。

于是，人们看到，即使国民党在安徽南部伏击了近万人的新四军，中国共产党的反击措施也只是政治上取攻势，军事上取守势，以最大的努力和忍让，维持住了抗日民族统一战线这个"法宝"。结果是巩固了进步力量，拉住了中间势力，限制了国民党在抗日问题上的一些消极和错误的政策。

中国共产党以自身的形象赢得了各界信任。1940年，爱国华侨领袖陈嘉庚到延安访问。在一次晚餐上，毛泽东只能用白菜、咸萝卜干和一碗鸡汤招待他们。他满怀歉意地对陈嘉庚说："这只鸡是邻居老大娘知道我有远客，特地送来的。母鸡正下蛋，她儿子生病还舍不得杀呀！"共产党人的日常生活，让陈嘉庚感触很深，他事后表示："我未往延安时，对中国前途甚为悲观，以为中国的救星尚未出世，或还在学校读书。其实此人已经四五十岁了，而且已做了很多大事了，此人现在延安，他就是毛主席。"

朱德、杨尚昆、陈毅、
吴玉章、聂荣臻在
延安与美军观察组
成员惠特尔、谢伟
思合影　吴雍／供图

1944年7月，美军观察组来到延安。经过
一段时间的观察了解，当时担任美国驻华大使
馆二等秘书的观察组成员谢伟思在他的第一份
报告中就写道：在共产党这里，"有一种生机勃
勃的气象和力量，一种和敌人交战的愿望，这
在国民党的中国是难以见到的"，"共产党在中
国之地位，比现存任何团体都高"。

1944年到达延安的美国记者福尔曼，在延
安和晋绥抗日根据地进行采访后，写出《来自红
色中国的报道》。在书中，他一开始就表示，"我
们新闻记者多半既不是共产主义者，也不是共

产主义的同情者""凡见到过八路军的都不会怀疑他们，他们所以能以缴获的武器或自制的简陋武器坚持抗战，就是因为他们和人民站在一起"。

坚定踏实的抗日言行和民主朴素的作风，产生很大的吸附效应。据国民政府教育部统计，抗战前全国专科以上学校在校学生有42922人，到1940年减至3万余人。大约有12000多名学生流失，其中主要是奔赴中国共产党的大本营延安。

"到敌人后方去"

20世纪40年代，有一首非常有名的抗日歌曲，叫《到敌人后方去》。就像歌名说的那样，从南到北，从东到西，不论是城镇，还是乡村；不论是高山密林，还是平原湖泽，只要是被日本军队占领的地方，也就是日本军队的后方，都有中国共产党领导的抗日游击健儿的身影。

一般认为，所谓抗战，自然是敌人往哪里进攻，就在哪里抗击；阻击不了，便是退守。这是国民党领导的正面战场不言自明的战略布局。事实上，全民族抗战开始前，蒋介石即明确将逐步退守至黄河以南，粤汉线以西。这种战略布局，意味着华北、江南等广大国土将成为日军的后方基地。

中国共产党正是在这个看起来顺理成章的战略布局之外，发现了一片新天地。开赴抗日前线时，八路军和新四军只有5万余兵力，如果不合理布局，非但不能发挥作用，而且会陷于被动的、应付的、挨打的、被敌各个击破的境遇之中。对中国共产党的军

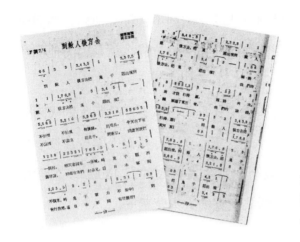

20 世纪 40 年代，抗日根据地流行的歌曲《到敌人后方去》 文化传播/供图

队来说，新的战略方向只能是向日军进攻的相反方向挺进，到敌人的后方去开辟抗日根据地。这一全新的战略布局后来被概括为"敌进我进"。开辟敌后战场的战略布局，解决了在敌强我弱的较量中，如何坚持抗战，实现战略展开的根本方向。

战略布局如同一盘诡异多变的棋局。中国共产党之所以能打破常规作出新的战略布局，是因为看到了日本兵力不足，无法占领全部中国；在敌后，看起来是日军围困我们，但我们建立的一块块根据地，就像下围棋做活的"眼"，反过来又围困着敌军。奥妙似乎一点就通，但占据谋划先机并不容易，把谋划落实成功就更难了。国民党曾邀请叶剑英等中共将领到南岳游击干部训练班上讲课，也曾在敌后地区留置数十万兵力，但他们无法承受日军进攻和艰苦环境的煎熬，到 1943 年，除少量部队继续坚持外，基本上烟消云散。

中国共产党在敌人后方建立的根据地，日子当然非常难过。日本军队对根据地发动了一次又一次"扫荡"，一次又一次"清剿"，实行灭绝人性的杀光、烧光、抢光的"三光"政策，企图把在敌后坚持抗战的游击队赶尽杀绝。但是，游击队却是"野火烧不尽，春风吹又生"，遍地生长起来。这是因为，游击战扎根于群众，老百姓被动员起来、组织起来同侵略者进行斗争，使敌人掉进人民战争的汪洋大海。

不少地方，每个游击队员在群众中大多有三个联系点，一旦碰上日军"扫荡""清剿"，就迅速跑到联系点隐藏起来。于是，在日军挨家挨户搜查的时候，常常出现这样的场面——敌人来了，指着游击队员问："这是谁？"联系点的群众如果是位老太太，她就说："是我儿子。"如果是位妇女，她就说："是我丈夫。"如果是个孩子，他就说："是我爸爸。"

在敌后作战的人们，因地制宜创造了破袭战、麻雀战、地雷战、地道战等各种游击战形式，既动员和依靠了人民，又寻得了在那样艰苦的条件下持久坚持下来的基本方法。在这里，只简单介绍一下什么是地道战。

如果回到70年前的河北平原，你会发现那里的土地并不平，到处是人工挖成的深沟和垒成的土丘。它们像网一样纵横交错。这是人们抗击日寇的重要方法，叫作地道战。这些地道宽约两米，深度是一人多高，游击队员就在地道里来回穿梭与敌人周旋。后来，环境恶化，人们在一家一户挖的地洞和地窖的基础上，建成户户相通的地道，再后来，地道由村内相通发展到村村相连，形成了巨大的地道网。能打、能藏，能机动转移。这种地道的出口或者是土坑，或者是灶台，或者是水缸。当敌人进村以后，游

罗工柳画作《地道战》 罗工柳、王琼 / 供图

击队员常常出其不意地给他们打击，敌人倒下去了还不知道枪是
从哪里打来的。如果你看过一部叫《地道战》的电影，你就知道
这个仗是怎么个打法了。

关于游击队的名称，有的地方叫武装工作队（简称"武工
队"），有的地方就叫民兵队。一般是一个县成立一个大队，一个
区成立一个中队或小队。如果读过《平原枪声》和《敌后武工队》
这样的小说，看过《地雷战》这样的电影，就知道他们是怎样的
好汉了。

敌后作战是残酷的。八路军的副总参谋长左权将军，在
敌人的包围中突围牺牲，是八路军在抗战中牺牲的最高级别的
将领。

在山东的乐县，有一位抗日英雄叫于致远，是根据地的县长。在一次和日军的遭遇战中，他率领的县大队战士几乎全部牺牲，只剩下他和通讯员身陷绝境。年轻的通讯员对他说："县长，跑不出去了，咱们投降吧。"不料于致远愤怒地大叫："孬种！我做个样子给你瞧瞧。"说罢，用最后一颗子弹打进了自己的头颅。

这样的人和事，还有很多：

在冀西易水河畔的狼牙山地区，5个八路军战士为了掩护群众撤退，主动把敌人吸引到自己的身边，一步步退向悬崖绝壁，连续打退日军的4次冲锋。在打完最后一颗子弹后，他们把枪砸了，纵身跳下了悬崖。有两个战士被挂在树上，后来脱险了。他们被称为"狼牙山五壮士"。

东北抗日联军第一路军总司令杨靖宇，打到最后一个人，拒绝向敌人投降。他牺牲后，敌人想知道他是怎样在山里坚持下来

詹建俊画作《狼牙山五壮士》 海峰 / 供图

毛泽东在窑洞里写作《论持久战》   海峰 / 供图

的，剖开肚子一看，里面全是草根、树皮和棉絮。

　　开辟敌后战场这个战略布局之所以能够取得成功，与运用游击作战的战略密切相关。在敌后作战，不可能摆开架势，集中本来有限的兵力去打阵地战、运动战。正像毛泽东在抗战之初说的那样："今日红军在决战问题上不起任何决定作用，而有一种自己的拿手好戏，在这种拿手戏中一定能起决定作用，这就是真正独立自主的山地游击战（不是运动战）。"1938年，他根据局势的变化，在《论持久战》中明确地把八路军的作战方针确定为："基本的是游击战，但不放松有利条件下的运动战。"毛泽东后来把他的战法精髓概括为"你打你的，我打我的"，"打得赢就打，打不赢就走"，明显是立足于游击战争的经验。实践证明，没有游击战，就没有敌后根据地的开辟、巩固和扩大。

没有游击战也不会有持久战。毛泽东在1938年5月同时发表《抗日游击战争的战略问题》和《论持久战》，不是偶然的。两篇论著的观点相互支撑、互为印证，说明毛泽东一开始就是把游击战作为指导抗战全局的战略来定位的。日本研究战略理论的学者把毛泽东的持久战理论说成是"以动员人民的战略和游击持久的战略，来实现弱者对付强者的战略"。这个理解，点出了游击战和持久战二者关系的要髓。

中国前途和命运的转折

全民族的抗日战争，使中国的命运和前途出现一些不可忽视的转折。

抗日战争中，中国共产党领导的八路军、新四军和华南游击队，在全国一共开辟了大小19块敌后抗日根据地。它们分布在华北、山东、华中、东南和华南广大的敌后地区，将中心城市和交通线紧紧包围，由此创造出敌后战场与正面战场同时并存，内线与外线支撑配合的战略格局。

进入战略相持阶段后，日军最多时将其在华兵力的75%（不含关东军部队）和几乎全部伪军投入敌后战场，进而使敌后战场上升为主战场。这就大大减轻了正面战场的压力，盘活了中国抗

1940年8月至1941年1月，百团大战期间，八路军破袭正太线部分铁路　海峰／供图

战的大棋局。

国民党领导的正面战场，打得很顽强，也很艰难。抗战期间，正面战场一共组织了22次大规模会战，英勇的国民党军队官兵付出了重大牺牲。遗憾的是，这些会战多数以失败告终。

以正面战场的豫湘桂大溃退为例，1944年，在抗战即将胜利的情况下，国民党军队的豫湘桂大溃退最让人遗憾。日军以51万人的总兵力，在8个月内，击溃了大约100万国民党军队，打通了纵贯南北的1500公里的交通线。国民党损失军队近60万人，丢失大小城市146座，20多万平方公里的土地沦入敌手。在日本军队打到贵州的时候，国民政府甚至一度考虑把"陪都"从重庆迁到甘肃的兰州。这次败退，使国民党的威信遭受不小损失。

与此相反，中国共产党在同日本侵略者进行殊死斗争中锻炼和壮大起来了。抗战胜利时，中国共产党领导的根据地面积达到100万平方公里，人口近1亿。军队已经发展到132万人，此外还有260多万随时可补充到正规军队的民兵。在未来中国的命运走向上，中国共产党将发挥举足轻重的作用。

更重要的是，中国共产党把反对日本帝国主义与反对专制统治结合起来，把积极抗日与推进民主进步运动结合起来，把为人民谋解放与为民族谋解放结合起来，在抗日根据地建立民主政权，在政治、经济和文化上推行一系列以往历史上没有见过的民主改革。这些，使中国共产党的威望在人民群众中空前地树立起来了。

以国共合作为基础的抗日民族统一战线，维持到了抗日战争的胜利。抗日战争使中国社会各阶级、各阶层受到强烈震撼，从而使他们的政治主张发生深刻变化。普通老百姓在事实面前看到了中国共产党的奋斗是代表他们的利益的，不少人把自己的愿望和对未来中国的希望寄托在中国共产党的身上。在国民党和共产党之间的中间政治力量，多数人还成了中国共产党的同盟军。在抗战前，作出这种选择的人是少数。

政治力量的消长和人心的向背，直接影响了战后中国的政治格局和历史走向，进而决定了中国的前途和命运。

第 四 章

「人心选择」

创建新中国

★★★

1949 年，世界上诞生了好几个新的国家。英国被迫承认爱尔兰共和国完全独立；印度尼西亚正式脱离荷兰殖民者的统治，成立了印尼联邦共和国；后来人们习惯上称为西德、东德的德意志联邦共和国和德意志民主共和国，也在这一年成立。对中国来说，毫无疑问，这一年最大的事件就是中华人民共和国的诞生。

这些新国家的名称，都有"共和国"三个字。在中国，走向人民共和国的步伐，似乎迈得格外沉重。但当 1949 年到来的时候，似乎又迈得格外迅速。

社会变局和各种社会力量的强弱变化以及从乱趋治的演进，最能集中地凸显历史走向的真谛，最能有欣喜的发现。而 1949 年所发生的一切，则形象生动地展示出新生和没落的较量过程所蕴含的历史规律，并且能够回答，中国共产党为什么能够创建新中国，新中国是怎样成立的。

中国共产党在胜利面前

在 1949 年的第一天，人们从收音机里听到，或从报纸上看到的一篇《告全国军民同胞书》，署名是国民政府总统蒋介石。他掌握这个国家的最高权力已经 22 年了。在这篇元旦文告里，他承认"戡乱"失败，并说自己愿意向已经解放北方大片领土的中国共产党"求和"，但条件是要保存现行的宪法，保存中华民国的法统，保存国民党的军队，否则，国民政府就要和共产党"周旋到底"。

同一天，毛泽东也发布了新年献词，题目是《将革命进行到底》。毛泽东在这篇文告里很有信心地宣布：迎面而来的1949年，将是历史上极其重要的一年，人民的解放战争将在这一年获得最后胜利，并且将要在全国范围内建立一个人民民主专政的共和国。毛泽东还说，甚至连共产党的敌人也不怀疑共产党能够完成这个目标。

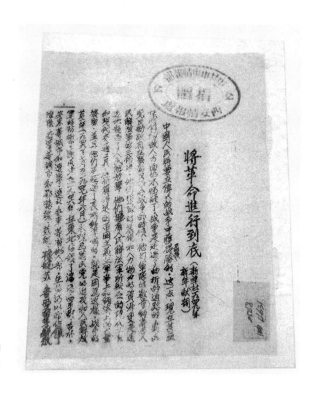

《将革命进行到底》一文的
油印件　　海峰／供图

果然，1月还没有结束，古都北平就变换了旗帜。国民政府华北"剿匪"司令部总司令傅作义将军，率几十万部队宣布和平起义，接受共产党的改编。2月3日，人民解放军在北平举行盛大的入城仪式。沿途欢迎的人群挥动着小旗，喊哑了嗓子，更多的人则扭起了秧歌，唱起"解放区的天，是明朗的天"。

那时候，如果你是生活在北方的农民，体会这场历史巨变的焦点，应该是土地。解放区多数地方进行的土地改革，把中国人几千年来视为命根子的土地交给了像土地一样淳朴的农民。农民们丈量着自家的土地，也丈量着自己的选择，丈量着希望。

那时候，如果你是人民解放军的一名军官或士兵，你谈论得最多的一句话，大概要算那个口号："打过长江去，解放全中国。"这年1月，中国共产党发起的辽沈、淮海和平津三大战役已经结束。此后，人民解放军开始在全国范围内呈现出势如破竹的气势。4月，解放军突破国民党军队的千里防线，取得渡江战役的胜利，攻占国民政府首都南京。接着，人民解放军先后向华东、中南、西南和西北大进军。

大进军带来的是大解放。大解放的含义，不只是从旧统治者手里解放了人民，也是从帝国主义列强手里解放了中国。人民解放军所到之处，驻扎在中国大陆地区的外国武装力量被迫全部撤离，帝国主义列强原来享有的内河航行、海关管理、领事裁判等各种特权统统被取消。

席卷一切的大进军，是1949年大变局的军事神韵。而大变局的政治神韵，是在河北省平山县西柏坡这个普通而宁静的小山村里绽放出来的。就在平津战役结束那天,毛泽东等中共领导人在西柏坡秘密接待了苏联斯大林派来的使者米高扬。斯大林不清楚中国共产党将要建立一个什么样的国家,米高扬的使命是来摸底。毛泽东对他说,胜利后的新政权,必须是包括各民主党派的联合政府,中国共产党是其中的核心和骨干。

解放战争的炮声还没有停歇下来,中国共产党人便在自己最后一个农村指挥部里着手勾画新中国的蓝图了。1949年3月,在中央机关的大食堂里召开了中共七届二中全会,34个中央委员和19个中央候补委员坐的凳子都是临时凑起来的。毛泽东在会上说,从现在起,开始了由乡村到城市并由城市领导乡村的时

中共七届二中全会会场   樊甲山/供图

期，必须用极大的努力去学会管理城市和建设城市。他还充满信心地宣告：我们不但善于破坏一个旧世界，我们还将善于建设一个新世界。会议决定：由农业国转变为工业国，由新民主主义转变为社会主义，是即将成立的新国家的发展方向。这个国家的首都定在北平。会议一结束，毛泽东和中共中央机关便进了北平。

1949年3月23日，在中共七届二中全会结束后的第10天，中共中央离开河北省平山县西柏坡迁往北平。临行前，毛泽东对周恩来说，"今天是进京的日子"。周恩来点点头："我们应当都能考试及格，不要退回来。"毛泽东坚定地对周恩来说："退回来就失败了。我们决不当李自成，我们都希望考个好成绩。"这就是著名的"赶考对"。从此，西柏坡成为中国共产党人"进京赶考"的出发地，"赶考精神"成为西柏坡精神的重要组成部分。

国统区人民在大变局面前

从1912年到1949年，中华民国这个国号在中国大陆叫了38年。在1928年之前的17年间，控制北京中央政权的军阀首领，像走马灯一样不停地变换。出任过总统或国家首脑的有7个人，当过总理的有26个人。政府内阁变动次数就更多了，据不完全统计有47次，其中最长的存在17个月，最短的只有两天。

1928年，国民党统一中国，在围绕国民政府的首都应该设在哪里的问题上，蒋介石和北方的阎锡山、冯玉祥出现了分歧。北方的人说，南京是六朝金粉之地，是亡国之都，而北京是元明清以来传统的首都；南方的人则说，南京是孙中山先生生前指定的首都，总理遗训不能违背。南北的政治家和文人，都引经据典，打了好一阵子笔仗，反映出国民党内部的派系之争，都想就近控制首都。争论的结果是，谁有实力，谁说了算。控制中央大权的蒋介石，干脆把北京改成了北平，中华民国的首都便确定在南京。

1945 年抗战胜利后，中国人民迎来了民族复兴的伟大转折，蒋介石也宣称中华民国已经跻身于四大国之列。建立民主联合政府，实现和平建国目标，成为全国各政治党派的共同呼声。中共甚至计划，在国民政府从重庆迁回南京后，也把自己的首脑机关从延安搬到南京附近的江苏淮阴，以便就近商量国家大事。

然而，蒋介石在 1946 年 5 月回到阔别 8 年的南京总统府后，情势便急转直下。这年 6 月，国民党军队派出 22 万人向中国共产党的中原解放区发起进攻，人们说，"一觉醒来，和平已经死了。"

全面内战的爆发，毁灭了人们和平建国的梦想。包括中国民主同盟在内的所有进步人士都看清了一个事实：民主和自由之花不会在旧有的体制土壤上自动地生长。诗人闻一多此时的感受，就像他在一首诗里曾经高唱的那样："我来了，我喊一声，迸着血泪，'这不是我的中华，不对，不对'。"1946 年 7 月 15 日上午，闻一多在参加被国民党特务杀害的李公朴追悼会上再次"迸着血泪"喊出："历史上没有一个反人民的势力不被消灭！"当天下午，他就倒在了特务的枪口下。生前他曾经在诗里唱道："我要赞美我祖国的花，我要赞美我如花的祖国。"

闻一多的倒下，只是国统区一连串血案的开始。更多的人，

1946年6月，国民党调动大批部队向中原解放区发起进攻，全面内战即将
爆发。图为上海爆发大规模的反内战示威游行   文化传播 / 供图

　　还在期待着、梦想着，进而猜测着国家的未来。两个月后，《大
公报》主笔王芸生在政论周刊《观察》创刊号上发表《中国时局
前途的三个去向》。他自信地预测中国的局势发展有三种去向：
第一种去向是出现以江淮为界，国共分治的"南北朝"。第二种
去向是爆发"十月革命"。不过王芸生认为，"中共现在还没有这
么大的野心，因为他们的主观力量还没有那么大"，如果真出现
了中国的"十月革命"，"就是国家大乱"。第三种去向是"政协
协议之路"，即在现有的国民政府框架内，组建联合政府，"由政
治协议的路线过渡到民主宪政的大路，这是中国时局前途最好的
一个去向"。

　　王芸生对中国前途的预测，一个也没有成为现实。经过

1947 年的大转折，1948 年的大决战，1949 年合乎逻辑地迎来了千年未有之大变局。

1949 年，对生活在国统区的民众来说，普遍的情绪早已不只是希望破灭，而是痛苦、愤怒甚至抗争。2 月间，上海的通货膨胀已达到最高峰，金圆券如同废纸。如果要买东西，就得用麻袋或网兜装钱，还要一路狂奔，因为稍一迟缓，手里的钞票又要贬值许多。由此，要和平，要民主，反饥饿，反内战，成为国统区民众的普遍呼声。

1949 年 5 月 27 日，人民解放军解放了上海。然而解放了上海，能不能管理上海，是不是站得住脚，国内外不少人还抱着明显的观望态度。而共产党接手的上海，又是一副用什么语言都难以描述的烂摊子。新上海的第一任市长陈毅走马上任时，他看到的早已不是昔日奢华的"东方巴黎"。

全市的主要工厂 3/4 已经停工，饥饿和失业成了家常便饭。对市民们来说，手里的钞票成为用处不大的废纸。长期的恶性通货膨胀使人们不再相信纸币的价值，市民们大量兑换黄金、银圆和外币。国民党特务还说："只要控制了两白（粮食、棉纱）一黑（煤炭），就能置上海于死地。"一些资本家也纷纷传言："共产党打仗可以得 100 分，搞政治可以得 80 分，而搞经济却只能得0 分。"

这时候，老资格的共产党人陈云来到了上海。在他的谋划下，大量的粮食悄悄地从东北、四川等地运往上海，棉纱和煤的储备也在进行之中。当物价疯涨到了市民难以忍受的顶点时，市

1949 年 5 月 27 日，庆祝
上海解放仪式　吴雍 / 供图

场上忽然奇迹般地蹦出了人们期望已久的平价"两白一黑"。此前囤积居奇并以为稳操胜券的投机商们再也囤不下去了，一些投机商被迫倒闭。

观望的民众充满期待地稳定了下来。事实上，这种期待在 5 月 27 日上海解放的时候就已出现。那天，一位年轻人打开自家大门，看到进城的人民解放军不扰百姓，睡在马路边上，不禁感叹："看来，国民党再也回不来了。"这个年轻人就是民族资本家的标志性人物荣毅仁。后来，他成了新中国的国家副主席。

带得走黄金，带不走人心

对蒋介石来说，"再也回不来"的感觉，早在 1949 年 1 月

21 日就出现了。那天，他在南京宣告"引退"，理由是"因故不能视事"，把总统权力交给了来自广西的副总统李宗仁代理。离开居住多年的南京总统府时，蒋介石特意让飞行员绕着南京古城飞了一圈。"无限江山，别时容易见时难"，他心里非常清楚，政权的更迭即将发生。

其实，不光是蒋介石心里清楚，他身边的不少人也失去了信心。就在蒋介石"引退"20 天后，他的结拜兄弟，当了 20 年国民政府考试院院长的戴季陶，在广州吞食大量的安眠药告别了"党国"。在此之前，蒋介石的幕僚长、总统府国策顾问陈布雷已先行一步。

陈布雷和戴季陶，一个被称为"领袖文胆"和"国民党的第一支笔"，一个被称为蒋介石的"第一谋士"和国民党内的大理论家。陈、戴的自我弃世，多少也是自绝于他们追随多年的"道"。国民党的治国之"道"似乎不再能唤起他们的信心和希望。

蒋介石开始安排后路了。国民党抢运黄金干得神不知、鬼不觉。据统计，国民党先后从大陆运走了 110 吨黄金以及价值 1.4 亿美元的外汇和白银。这在当时的中国，实在是一个天文数字。

台湾制作的电视纪录片《一同走过从前》里是这样说的："（民国）三十八年一月，蒋中正总统引退，他在引退前，急电派令陈诚将军为台湾省政府主席，蒋经国为国民党中央省党部主任委员，开始了把台湾建设为复兴基地的准备工作。陈诚跟在上海的中央银行总裁俞鸿钧联络好，趁黑夜，把 120 万两黄金运来台北，再加上蒋经国、徐伯元，也抢运了部分黄金来台。"

在安排政治和经济后路时，蒋介石还在南京宋子文的公馆举行了一次特别的宴会，邀请大部分刚刚由国民政府中央研究院评选出来的院士，劝说他们一起到台湾去。谁都知道，比黄金更值钱的是人才。但是，人心可不像黄金那样容易被默然搬走。81 名院士中，除了一些人选择了海外，只有 9 位去了台湾，留在大陆的有 60 人。

虽然大势已去，国民党仍然不放弃争取人心的最后努力。1949 年 7 月 26 日，国民政府代总统李宗仁趋赴福州，代表蒋介石劝说一位 92 岁的老人去台湾。这位老人叫萨镇冰，早年投身洋务运动，38 岁时，以北洋水师副将之职参加了甲午海战，亲历了北洋水师全军覆没的惨状，就是他的船载着丁汝昌的遗体离开刘公岛的。作为健在的资历最深的历史名人，他的去留自然具有特别的象征意义。李宗仁对他说：得蒋总裁寄语，与上将致意，形势变化难测，福州不宜久居，蒋总裁敦请即往台湾暂住。上将若拟乘飞机，即派专机，拟坐军舰，即派大舰。请即决定行期，云云。

萨镇冰不仅拒绝了蒋介石的邀请，不久还在福州人民欢迎解放军的文告上，欣然签上了

萨镇冰

文仕博档馆 / 供图

自己的名字。当他知道北平在筹备成立新中国的事情后，又写诗云："岁在耄年闻喜讯，壮心忘却鬓如丝。""群英建国共乘时，此日功成举世知。"

萨镇冰拒绝去台湾不久，另一位最有代表性的人物从上海到了北平。她就是被国民党称为"国父"的孙中山先生的夫人宋庆龄。1925年孙中山在北京逝世以后，她便再也不愿意到这个伤心的地方了。但是，即将夺取政权的中国共产党，忘不了这位在革命危难时始终帮助自己的好朋友。毛泽东两次写信，邀请她北上共商建国大计，又派邓颖超专程南下迎接。

1949年8月28日，宋庆龄乘坐的火车到达北平前门车站，她没有想到的是，毛泽东、朱德、刘少奇、周恩来等中共的主要领导人，早已在那里等候，毛泽东还亲自上车迎她下车。这种礼遇，是毛泽东对中共的任何领导人都不曾有过的。

1949年6月，毛泽东诚邀宋庆龄参加新中国筹建工作。图为宋庆龄由上海抵达北京　海峰／供图

随着宋庆龄的到来，一个新的国家就要宣告诞生了。

协商建国与民主演示

宋庆龄到北京时，汇聚北平的各界精英名流还有：1898年戊戌变法的风云人物张元济，1911年辛亥革命爆发前夕的风云人物张澜，民国年间有代表性的政治家、企业家、军事家、教育家，等等。他们在各自的时代和领域都散发过光彩，在历史的轨迹上深深地刻下了自己的追求、抗争、迷惑、痛苦。为了一个即将诞生的新国家，他们携带近代历史上的各种音符，融入1949年大变局的交响曲。他们真诚地相信，共产党人的奋斗目标，正是自己苦苦追寻的民族复兴。共产党更是真诚地邀请他们，参加酝酿已久的各党派和人民团体参加的政治协商筹备会议，共商建国大计。

1949年6月，在北平城中南海勤政殿开幕的政协筹备会议，有23个党派团体的134名代表参加。会议的任务是拟定参加新政协的单位及其名额，起草具有临时宪法性质的《共同纲领》和新政协组织条例，制订评选国名、国旗和国歌方案等。总之，是要把所有开国的大政方针草案准备好，拿到正式会议上去通过。

9月21日，第一届中国人民政治协商会议第一次会议正式开幕。出席会议的代表有662名，大部分不是共产党员，他们来自45个党派、团体、区域和界别。

为了区别于1946年召开的那次政协会议，当时的人们通常把1949年6月到9月的这次会议叫作新政协，"学名"叫"中国

1949年9月21日，中国人民政治协商会议第一届全体会议在北平中南海怀仁堂隆重开幕。图为会议会场

海峰／供图

人民政治协商会议"。那时没有条件召开人民代表会议，中国人民政治协商会议事实上是国家的最高权力机构。

　　一个新的国家就要加入世界的"户籍"当中了，参加新政协筹备会议的人们开始琢磨为它取个什么名字。最初的国名叫"中华人民民主共和国"，著名教授张奚若建议去掉"民主"二字。他说："焉有人民而不民主哉？"对国家政体来说，"共和"同"专制"相对，本身就有民主的意思。这个意见被会议采纳后，又一个问题冒了出来。考虑到不少民主人士对孙中山创立的中华民国这个名称还有感情，具体主持政协筹备工作的中国共产党人周恩来建议，在新的国名后面加一个括号，里面写上"中华民国"，意思是"中华人民共和国"也可简称"中华民国"。为此，周恩来专门邀请一些参加过辛亥革命的老前辈征求意见。

从保存下来的新政协档案里，人们发现，一位年过七旬的老人站起来发言，明确不同意括号里的"中华民国"几个字。他说自己是参加过辛亥革命的人，十分尊重孙中山先生，但对于"中华民国"这四个字则绝无好感，因为它与民无涉。老人很激动，他说国号是一个极其庄严的东西，一改就要改好，仍然叫中华民国，何以昭告天下百姓？他希望光明正大地用"中华人民共和国"。讲这番话的是中国致公党创始人司徒美堂。

1949 年 7 月 13 日，《人民日报》刊登了一则消息：新政协向全国征求国旗图案。在一个月的时间里，国旗审查小组平均每天收到 100 张国旗设计图案，加起来有 2992 幅。这些图案中，有的是在车间的工具箱上描绘的，有的是在前方的战壕里绘制的，也有从印度尼西亚等海外华人那里寄来的，其中从美洲寄来的就有 23 张图稿。人民解放军总司令朱德也提供了一幅图稿。开始的时候，毛泽东看中一张在红旗中间有一颗星、一条黄河的图案。这年春天赴北平同中共谈判未果留下来的原国民党代表张治中认为，中间表示黄河的那条杠把红旗劈成了两半，好像是一个分裂的国家。几经选择，多数人看中了一张由上海一位叫曾联松的青年人设计的带有五星的图案。

新政协筹备会负责评选国歌的小组一直没有征集到理想的方案。他们已经打算放到以后再说，但马上就要举行开国大典，没有国歌毕竟是一件难堪的事情。画家徐悲鸿由此建议把诞生在抗日烽火中的《义勇军进行曲》作为代国歌，并认为这首歌曲对中国的意义就像《马赛曲》之于法兰西一样。但有人认为敌人的炮火已经没有了，"中华民族到了最危险的时候"这句歌词不合适，希望重新填词。徐悲鸿坚决不同意，教育家马叙伦也表示支持徐悲鸿。最后，周恩来解释说，采用《义勇军进行曲》代替我们的国歌，就是鼓舞我们要把革命进行到底。

在新政协筹备会议期间，具体负责起草《中国人民政治协商会议共同纲领》（以下简称《共同纲领》）的小组组长是周恩来，副组长是九三学社的负责人许德珩教授。新国家的国体和政体以及各方面的制度，都要在这部事实上的开国宪法《共同纲领》里确定下来。

对于这些问题，中国共产党此前已经反复考虑过。毛泽东在一次会议上说道：我们将来建立的政权，是采取议会制呢，还是采取民主集中制？过去，我们叫苏维埃，这是死搬苏联的名词，议会制袁世凯和曹锟都搞过，已经臭了，我看我们可以这样决定，不必搞资产阶级的议会制和三权鼎立那一套，在中国采用民主集中制是合适的，我们用人民代表会议这个名词。

讨论和修改《共同纲领》草案，那可真叫字斟句酌。关于新国家的性质，开始有人提议直接提社会主义，有人还是觉得提新民主主义的好。据参加讨论的民主党派人士孙晓村记载："在讨论《共同纲领》总纲时，发言很热烈，民主气氛十分浓厚，特别是《共同纲领》中没有写明'社会主义'，当时有不少同志认为'社会主义'的前途一定要写进去，认为社会主义是全国人民的奋斗的

中国人民政治协商会议第一届全体会议通过《中国人民政治协商会议共同纲领》

文化传播／供图

方向；有的同志说共产党领导，为什么怕写'社会主义'。"并且"几种观点争论热烈，相持不下"。

为避免扩大分歧，周恩来于1949年9月22日在政协第一届全体会议上作的报告中对不写"社会主义"的做法作了专门解释。他说："筹备会讨论中，大家认为这个前途（社会主义）是肯定的，毫无疑问的，但应该经过解释、宣传特别是实践来证明给全国人民看。只有全国人民在自己的实践中认识到这是唯一的最好的前途，才会真正承认它，并愿意全心全意为它而奋斗。所以现在暂时不写出来，不是否定它，而是更加郑重地看待它。"这个意见被会议采纳，于是《共同纲领》规定，新的国家为"新民主主义即人民民主主义国家"。与此相应，新国家包括5种经济成分：国营经济、合作社经济、个体经济、私人资本主义经济、国家资本主义经济。各种社会经济成分在国营经济领导下"分工合作，各得其所"。基本的经济政策是"公私兼顾，劳资两利，城乡互助，内外交流"。

最引人注目的是国家领导人的选举和"内阁"人员的安排。新政协会议选举毛泽东为中央人民政府主席，朱德、刘少奇、宋庆龄、张澜、李济深、高岗为副主席，副主席中有3位共产党人，3 位民主人士。在周恩来被正式任命为政务院总理后，他最迫切的任务就是"组阁"。为此，他两次登门拜访黄炎培，动员他出任政务院副总理。周恩来对他说："现在不同于旧社会做官，现在是人民政府，做官就是做事，是为人民服务。"黄炎培反复考虑，终于答应。

孩子们不理解黄炎培为什么到了 70 岁还要出来做官，他说："过去不愿做官是不愿意入污泥，今天是中国共产党领导的人民政府，我做的是人民的官。"

经过周密安排，4 位政务院副总理中有两位是民主人士，21 位政务委员中有 9 位是民主人士，105 个部长和副部长职位中，民主人士占了 49 个。

国名、国旗、国歌和开国"宪法"的诞生，政府领导成员的选举和安排，体现了中国人的创新精神和政治智慧，成为中国历史上一场别开生面而又意义深远的民主演示。它告诉人们，什么是人民民主，什么是人民共和。其精髓所在，就是今天的中国还在实行的协商民主和票决民主的结合。

《时间开始了！》

1949 年 9 月 30 日下午 6 点，中国人民政治协商会议第一次全体代表大会结束后，筹建开国盛事的人们做的第一件事情是，到天安门广场参加人民英雄纪念碑的奠基仪式。毛泽东题写的碑文，祭奠和告慰了 3 年以来和 30 年以来的人民英雄，同时也祭奠和告慰了 1840 年以来"为了反对内外敌人，争取民族独立和人民自由幸福，在历次斗争中牺牲的人民英雄们"。这一句，绝非闲笔，它点出了这场大变局所蕴含的沉甸甸的历史内涵。

从1840年中英鸦片战争开始的历史，为中华民族提出了两大历史任务：第一个任务是国家的独立、民族的解放、人民的翻身；第二个任务是发展经济，基本上实现现代化，实现中华民族的伟大复兴。

两大历史任务，就是两大历史约会。

事非经过不知难。曾经沧海，大浪淘沙，历史选择了中国共产党，最终把走向崩溃边缘的中国，带出了死亡峡谷。从1840年以来伸出的约会之手，经历100多年的坎坷奋斗，直到1949年中华人民共和国的成立，才有另一只手把它握住了。这当中一个生动的注脚是，中国近代海关自1859年成立到1949年，在整整90年的时间里一直掌握在外国人的手里，中国人没有管理权，直到1949年10月25日中华人民共和国海关总署成立，中国国门的钥匙，才真正放到了中国人自己的口袋里。

走向和历史第二次约会的行程，则更为艰难。这段行程的起点之低，为世人所共知。1949年的中国，是当时世界上最贫穷的国家之一。据

毛泽东为人民英雄纪念碑书写的题词

海峰／供图

联合国"亚洲及太平洋社会委员会"的统计，那一年，中国人均国民收入27美元，不足整个亚洲平均44美元的2/3，不足印度57美元的一半。在这样的基础上发展经济，搞现代化建设，是一个前无古人、近无借鉴的历史大课题。从1949年开始，中国人民踏上了第二次约会的行程，并且还需要100年的时间，还需要几代人的探索奋斗。

1949年10月1日，北京30万军民在天安门广场隆重举行开国大典。毛泽东主席在天安门城楼上庄严宣告："中华人民共和国中央人民政府今天成立了。"他按动电钮，五星红旗冉冉升起。人民解放军受阅部队迈着威武雄壮的步伐通过天安门。参加庆典的群众队伍高举红旗，纵情欢呼人民当家作主的共和国的诞生。

握住第一次历史约会之手的人们，在1949年10月1日那天登上了天安门城楼。当时的经典画面，后来反复在影视作品里呈现，我们已不陌生。1999年新中国成立50周年的时候，一部电视纪录片配合这些画面有这样的解说："九州方圆，华夏风云，都汇聚到这个地方。千载岁月，百年奋斗，才迎来了这个时刻。曾经沧海，大浪淘沙，历史的洪流选择了这些人物。"

那时候的中国人，无论在什么地方，都会有一种特别的感受、特别的举动。

半个世纪前戊戌变法的领袖梁启超的儿子梁思礼，那天正在回国途中的一艘叫"克利夫兰总统号"的海船上。他后来回忆说："我因为是学无线电的，有一个比较好的收音机。那会儿已经知道，10月1号要宣布成立新中国，我就爬到比较高的地方，把

1949年10月1日，北京天安门城楼，毛泽东在开国大典上宣读《中华人民共和国中央人民政府公告》，宣告中华人民共和国成立

陈正青／供图

天线接上，然后听新中国的广播。听到毛主席宣布新中国成立了！还听到新中国的五星红旗升起来了。船上所有进步同学都欢欣鼓舞，都说应该开个庆祝会。当时只听到是五星红旗，到底五个星是怎么个放法谁也不知道，只好根据我们自己的想象，拿一块红布，然后剪了五颗星，也知道有一个大星，四个小星，结果把一个大星就放在中央，然后四个小星放在四个角，这就是我们当时心目中的五星红旗。当时的新中国，像一个巨大的磁铁一样吸引着我们这些海外的游子。"

新中国成立时有一个决定，采用公元纪年。什么叫纪年？就是记载年份的方式，比如，1949 年，此前的民国政府在正式文献中不是这样说的，而是写成"中华民国三十八年"。以民国纪年，是从 1912 年开始的。新中国采用了同世界上绝大多数国家一样的公元纪年。1949 年，由此也被称为新纪元的开始。凑巧的是，诗人胡风当时写了一首诗，题目就叫——

《时间开始了！》

第 五 章

「奠基创业」

在探索中取得成就

★ ★ ★

1949 年中华人民共和国成立以后的中国，被历史学家们称为新中国。在新中国，中国共产党的主要历史任务是搞建设，因而，从 1949 年到 1976 年，又称为社会主义革命和建设时期。建设的目标，是搞社会主义，实现中国的工业化，赶上世界的现代化潮流。

但是，怎样搞建设？什么是社会主义，怎样建设社会主义？什么是现代化，怎样追赶世界的现代化潮流？对中国共产党来说，都是全新的时代要求，全新的时代课题。由于没有经验，在当时的条件下，只能摸索着尽最大努力去问、去学、去试、去做。这样一个过程，人们称之为探索。

新中国成立之初有一场"立国之战"

1950 年，中国人民志愿军赴朝作战，从朝鲜北部与我国东北边境接壤的地方，把以美国为首的所谓"十六国联军"，打回"三八线"。无论是在当时，还是在今天，这场战争都意义非凡。它事实上是新中国成立之初的一场"立国之战"。

这是一场不期而遇的战争。当时的中国，根本没有想到会发生乃至被卷入这样一场战争。

1950 年 6 月，朝鲜战争爆发前半个月左右，中国共产党召开全面执政后的第一次中央全会，即七届三中全会，这是一次全面规划新中国成立后治国理政当务之急的会议。毛泽东在会上作了《不要四面出击》的报告，力求收缩工作战线，抓住主要矛盾，推进涉及全局的重点工作。当时的主要矛盾和战略重点，一是进行土地改革，完成新民主主义革命必须完成的重要使命，二是争取实现国家财政经济的好转，为此要调整工商业，发展经济，军队实行整编，大批官兵复员转业。显然，新中国的当务之急，是铸剑为犁。人们几乎没有进行一场境外作战的心理准备。

决定出兵朝鲜抗美援朝，难在哪儿？除了不期而遇，缺少心理准备外，主要还是它不符合新中国成立初期的战略目标和主要任务。国内刚刚结束大规模的战争，国家财政经济异常困难，新生政权还有待巩固，当时中国最大的利益诉求是恢复经济，理顺社会关系，根本实现国内稳定。还有，出兵朝鲜，意味着与世界上经济、军事、科技上的头号强国交手，中美之间的硬实力悬殊。

胡乔木后来有这样一个回忆。他说，在毛主席身边工作 20 多年，记得有两件事毛主席很难下决心。一是 1946 年我们准备同国民党彻底决裂，二是 1950 年派志愿军入朝作战。多年以后，毛泽东对来访的金日成谈起抗美援朝的决策过程时，也说："我们虽然摆了 5 个军在鸭绿江边，可是我们政治局总是定不了，这么一翻，那么一翻，这么一翻，那么一翻，嗯！最后还是决定了。"

这是一场不得不打的战争。

不得不打的原因有 4 个。

一是为彰显国际道义和公正。10月1日，朝鲜方面直接请求中国出兵，在给毛泽东的信中说："在敌人进攻'三八线'以北地区的情况下，极盼中国人民解放军直接出动援助我们作战。"新中国与朝鲜，一衣带水，唇齿相依。用毛泽东的话来说，别人受难，自己在旁边站着看，心里总是很难过。

二是因美军突破了中国"打或不打"的底线。中国是否出兵，根本上取决于美国是否越过"三八线"北上。这是中朝双方的共识和底线。实际上，早在9月5日，毛泽东就在中央人民政府委员会讲话中说道，"美国不过'三八线'，我们不管，如果过了'三八线'，我们一定过去打"，这等于是给中国人交了一个底。10月1日，南朝鲜军队越过"三八线"，10月3日，周恩来通过印度驻华大使告诉美国：美国军队越过"三八线"，"我们不能坐视不顾，我们要管"。10月7日，美军越过"三八线"，10月8日，

1950 年 10 月，中国人民志愿军跨过鸭绿江，开赴抗美援朝前线　　　　海峰 / 供图

毛泽东发布命令，把东北边防军改为中国人民志愿军，向朝鲜境内出动，10月19日，中国人民志愿军正式跨过鸭绿江。

这个过程说明，底线就是底线，新中国领导人说话算数，有战略定力和战略意志。

三是新中国的主权和安全已经遭受侵害。让中国人深感意外的是，6月25日朝鲜战争爆发，6月27日美国就改变原来在中国内部台海关系上保持中立的立场，派第七舰队封锁台湾海峡，阻止新中国解放台湾既定战略的实施。美国不仅直接干涉中国内政，10月7日开始，美国空军对我国东北的安东等地进行轰炸，还对山东青岛进行袭扰。美国已经把战火烧到鸭绿江边，在国家主权和安全已经遭受美国侵害的情况下，怎么会坐视不顾，不奋起保家卫国？

四是维护新中国的战略利益。唇亡齿寒的道理没人不懂。如果美国侵占整个朝鲜，把军队摆在鸭绿江对岸，如果它要发动战争，随时都可以找个借口，一抬腿就可以进攻中国。即使它没有过来，我国东北地区的边防压力也会长期保持高压状态，耗费的资源不可想象。当时最直接的压力是，新中国的重工业半数在东北，在大兵压境的情况下，也无法安全生产。还有，美国一旦在朝鲜登陆，国内不稳定因素就会陡然增加，对新中国有抵触情绪的人顿时会活跃起来，不出兵一打，显然不利于新生政权的巩固和社会稳定。

对新中国来说，不得不打，不是单纯的冒险，需要有付出沉重代价的心理准备和打赢这场战争的心理底气。

中央先是做了军事准备。6月25日，战争爆发，6月27日第七舰队封锁台湾海峡，7月7日美国组成所谓"联合国军"。一看形势不对，中国于7月上旬便着手组建东北边防军。这个决策的远见在于，战火有可能波及鸭绿江边，必须防患于未然。这是经过长期战争考验的毛泽东等新中国领导人的敏锐选择。如果真的等到美军跨越"三八线"再组建边防部队，进而奔赴朝鲜，匆忙之中难免会失去一些战机。

关于心理准备，彭德怀当时说了一句话：打烂了，就算是解放战争晚胜利几年。关于心理底气，就是毛泽东后来所说的，我们是钢少气多，美国是钢多气少。所谓气，就是敢于斗争敢于胜利的志气、勇气、豪气。

这是一场为了和平的战争。

不得不打的原因，再清楚不过地表明，中国被迫进行这场抗美援朝战争的正义性质。它是为了阻止战火烧到中国境内的抵抗反击之战，是为了维护第二次世界大战后东亚秩序安排的和平维稳之战，是支援朝鲜人民反抗侵略，防止整个朝鲜半岛陷入无休止霸权战火的国际义务之战。总之，这是一场为了和平，以战止战的战争。

于是，在抗美援朝战争中，当中朝两国军队把美国军队打回战争的起点，打到中国决定是否出兵的底线，打到战争爆发前朝鲜半岛南北分界的"三八线",就开始稳定下来了。然后是打打谈谈的板门店谈判。更重要的是,1953年签订停战协定后,中国人民志愿军便开始撤回国内,到1958年全部撤军,由此实现了朝鲜半岛内部的和平局面。正是在板门店协议签订后不久,1953年12月,中国政府首次提出"和平共处五项原则"这一处理国际关系的基本准则。这同美国处理国际关系的理念确有云泥之别。美国出于其地缘政治战略的需要,至今驻军韩国,其兵锋所指,大家都心知肚明。

抗美援朝一战,不仅打出东亚持续至今70年的和平局面,更打出有利于中国持续至今70年的建设发展的周边环境,避免

中朝两国人民及其军队经过3年的浴血奋战以及谈判斗争,终于迫使美国于1953年7月27日在板门店签署了《朝鲜停战协定》　　　　　　　　　　　　　　　　　海峰 / 供图

了我们在自己的领土上直接同侵略者对抗的可能。

对这个战略利益的实现，毛泽东后来是这样表述的：如果我们对朝鲜问题置之不理，美国必然得寸进尺，走日本侵略中国的老路，甚至比日本搞得还凶。它要把三把尖刀插在中国的身上：从朝鲜一把刀插在我国的头上，从台湾一把刀插在我国的腰上，从越南一把刀插在我国的脚下。天下有变，它就从三个方向向我们进攻，那我们就被动了。所以，打得一拳开，免得百拳来。抗美援朝，就是保家卫国。

保家卫国，就是争取和平发展的权利。

这是一场立国复兴的战争。

抗美援朝战争发生在新中国刚成立一年的时候。新中国稳不稳得住，站不站得住，新中国的成立，是不是像毛泽东宣告的那样"中国人从此站立起来了"，这场战争无疑是一场立竿见影的考试和检验。结果很明了，正是抗美援朝战争，证明新中国不仅站立起来，而且确实开启了中华民族伟大复兴的新纪元。因而，这是一场立国之战、复兴之战。

抗美援朝，前线是战争，后方是运动。前后一体，最大限度地把全国人民动员和组织起来，凝聚起各民族、各阶层的力量，前所未有地在全社会激发出爱国主义精神。用毛泽东的话来说，就是"提高了全国人民的政治觉悟"，投入支援前线、恢复经济的伟大斗争中。各行各业、各个群体以及无数个人，为保家卫国捐献的钱物，为支援前线爆发的生产热情，都是创纪录的。此外，就新中国的军队建设来说，明显是朝现代化目标迈出一大步，不仅在武器装备上上了一个台阶，还取得了同现代化装备的敌人实际作战的经验。

抗美援朝战争，极大地改变了中国人民的精神面貌，树立起中华民族前所未有的自尊心和自信心。中华民族的抗日战争，主要是在中国境内进行的关系中华民族复兴的一场战争，抗美援朝则是近代以来中国人出兵境外取得胜利的一场战争。

毛泽东和彭德怀分别说的两段话，可以概括这场战争对振奋民族自尊心和自信心的作用。

毛泽东说："我们的敌人眼光短浅，他们看不到我们这种国内国际伟大团结的力量，他们看不到由外国帝国主义欺负中国人民的时代，已由中华人民共和国的成立而永远宣告结束了。"毛泽东还说："帝国主义侵略者应当懂得：现在中国人民已经组织起来了，是惹不得的。如果惹翻了，是不好办的。"

彭德怀说，"西方侵略者几百年来只要在东方一个海岸上架起几尊大炮就可霸占一个国家的时代是一去不复返了"。

抗美援朝战争，巩固了新生政权，稳定了社会秩序，使中国共产党的治国理政能力得到无可置疑的认可。许多民主人士、知识分子和海外华人，都是通过这场战争的胜利，真正认识到新中国的力量，认识到中国共产党对推动民族振兴的领导作用。毛泽东1957年3月17日在天津党员干部会议上曾回忆说："在作这个斗争（抗美援朝）的时候，人们对于我们在开头也是不相信的，现在人们就相信了，说共产党行了。"

抗美援朝战争，是中国人真正屹立于世界民族之林的重大标

1954 年 4 月 26 日至 7 月 21 日，苏、美、英、法、中 5 国外交会议在瑞士日内瓦国联大厦举行，图为日内瓦会议开幕式会场
　　　　　　　　　　　　　　　　　　　　　　　　　吴雍 / 供图

志。它打出了新中国的国际威望，不仅让美国，也让全世界刮目相看。西方国家也意识到，要解决中国周边国家的国际问题，没有中国的参与是不行的。于是，1954 年 4 月，为讨论解决朝鲜半岛问题和恢复印度支那的和平问题，苏联、美国、英国和法国，邀请周恩来总理率中国代表团参加日内瓦会议。这是中华人民共和国第一次以五大国之一的地位和身份，和西方大国平等地讨论国际问题。

面对一个崭新的课题

新中国的探索，是在怎样的国际背景下展开的呢？

前面说的那场立国之战告诉人们，新中国的治国理政，始终把独立、自主、安全摆在突出位置，并且有挥之不去的"落后就要挨打"的危机意识和紧迫感。一个国家的利益，还包括尊严。如果失去了尊严，这个国家的其他利益都可能被强大的敌视者按自己的愿望作最大限度的索取。这些，便成为新中国在探索建设道路的起点上的一种基础性情结。

那时中国面临的最大问题，是以苏联为首的东方社会主义阵营和以美国为首的西方资本主义阵营之间的冷战对峙局面。冷战，是指1947年至1991年，以美国、北大西洋公约组织为主的资本主义阵营，与以苏联、华沙条约组织为主的社会主义阵营之间的政治、经济、军事斗争。

1960年5月27日，英国皇家元帅蒙哥马利在上海第一次见到毛泽东时，着重询问毛泽东对当时的国际局势的看法，毛泽东在回答中提出一种新的观点，他说："现在的局势，我看不是热战破裂，也不是和平共处，而是第三种：冷战共处。我们要有两个方面的准备，一个是继续冷战，另一个是把冷战转为和平共处。所以你做转化工作，我们欢迎。"蒙哥马利说："西方世界的领袖是美国，现在西方国家怕被这个领袖领到战争中去。我们必须把这样一种情况改过来，即西方集团的领袖跟东方集团两个最大的国家根本谈不拢。由于这个原因，美国在西方的领导受到怀疑。"毛泽东说："只要美国的领导不削弱，就不可能改变局势。"

"冷战共处"这个看法很独到，属于毛泽东对新中国面临的世界格局和走势的重大判断。正是基于这个判断，如何处理中苏和中美关系，始终摆在新中国国际战略的突出位置。

中国共产党和苏联尽管在革命年代有过一些不那么愉快的事情，但毕竟意识形态相同。苏联在 20 世纪 50 年代又大力援助中国搞建设，那时社会主义阵营的发展也欣欣向荣，中苏结盟是可靠有效的。中国的探索，是从向苏联学习开始的。

这种学习，事实上从准备成立新中国的时候就开始了。1949 年 7 月刘少奇访问苏联时，向斯大林提出了一个庞大的学习清单，包括苏联的国家组织、苏联经济的计划与管理、苏联的文化教育、党的组织与群众团体组织 4 个方面，一共 30 个细目，大到怎样处理中央和地方的关系，小到实行什么样的税收制度，乃至学校课程的安排。总之，是要弄清楚苏联方面是怎样治国理政的，好搬到中国来运用。

在进入大规模经济建设以后，向苏联学习就更具体了。1952 年，在准备编制新中国的第一个五年建设计划时，中国政府学习讨论了苏联编制五年计划的书籍，搞了一个《五年计划轮廓草案》（以下简称《草案》）。8 月间，周恩来、陈云、李富春这些在中央政府主管经济建设的领导人，带着一批年轻的中国经济学家先后到达莫斯科。他们拿出《草案》向苏联征求意见，苏联的专家们看后认为，这个所谓《草案》，不仅不是计划，即使作为指令也不够。于是，只好先务虚"上课"。苏联计划委员会有 14 个副主席，每个人都来给中国政府代表团上课，讲解应该怎样编制经济建设计划。

大工业的景象让人们激动，也使人们感到格外新奇。对当时的中国人来说，他们投入的显然是一种完全陌生的事业。为此，

20 世纪 50 年代，上海机械厂的产业工人在听苏联专家讲话　　　　　　左家忠／供图

曾有 3000 多名苏联顾问和专家来中国帮助建设。他们带来了技术和设备，手把手地教一些昨天还是农民的青年工人怎样操作机床。

　　与此同时，学习俄语和苏联文化成为城里人的时髦。电影院里放的是苏联的电影，书店里摆满了苏联的书籍，几乎每一个青年学生都读过《钢铁是怎样炼成的》，都熟悉《卓亚和苏拉的故事》，几乎每个城里人都会唱几首像《莫斯科郊外的晚上》这样的苏联歌曲。人们真诚地相信，苏联就是大工业的榜样。苏联的今天，就是中国的明天。

　　但是在向苏联学习中，发生了三种情况，让中国人警觉起来。一是全盘照搬，机械学习。比如，苏联的文化组织中，只有作家协会（简称"作协"），没有文学艺术界联合会（简称"文联"），

1954年，有人就想以此为依据，取消"文联"，还是毛泽东觉得不妥，才得以保留。还有，苏联医学专家们一度认为，吃鸡蛋对人的身体有害，结果，中国的医生就建议中央领导人不要吃鸡蛋。二是发现苏联的模式也不是尽善尽美，也有缺点。三是在学习过程中，苏联难免摆谱，对中国的内政外交指手画脚。由此，中国从1956年开始，决定走自己的路，去探索一条社会主义建设道路。随后，中国共产党和苏联共产党之间就开始争论，相互攻击，最后导致国家关系破裂，以致在1969年爆发了边境战争。中国也不可能向苏联学习了。

今天回过头来看中苏关系的破裂，心绪难免复杂，评价起来不算容易。那时候，苏联搞社会主义已经40多年了，有了固定的模式和不小的成绩，还反思了斯大林的一些错误，在冷战背景下，拥有了与美国抗衡的大国地位。中苏关系开始走向破裂时，中国搞建设才10年左右，正在千辛万苦地探索自己的道路，不仅自身贫弱，面对的国际压力也很大。因而，双方的论战实际上是在不同发展阶段和经验基础上，根据自身的需要来审视对方，看待世界。

出现分歧是必然的，有没有可能避免国家关系破裂呢？今天回答这个问题比较容易，各走各的路不就行了吗？但在当年，处于东西方尖锐对峙的冷战格局，无论中共还是苏共，都很难达到今天的认识水平，很难保持心平气和的心态。

邓小平后来说，自己在这场争论中"扮演了不是无足轻重的角色"。他在1989年对中苏关系的破裂作了客观到位的解释和评论：双方争论的实质，是如何看待马列主义和社会主义，在这个问题上双方都没有搞清楚；希望马克思、列宁为他们去世几十年甚至上百年后出现的新问题提供现成答案，这是不可能的；更重要的是，在中国的感受中，更实质的问题是不平等，观点不合，苏联就撤销援助，进而恶化国家关系，让中国原本困难的经济雪上加霜，使"中国人感到受屈辱"。由此，居于各自立场的中苏论战，双方都难免讲了不少空话和过头话。

再看看新中国成立后中国和西方世界的关系。

对美国，毛泽东在抗日战争时期抱有很大好感，和派驻延安的美军观察组相处甚好。由于美国在中国人民的解放战争中帮助国民党政权，使中国共产党对美国的印象急剧恶化。新中国成立后，经过抗美援朝的立国之战，中美关系从此彻底对立。一直到1971年，由于中苏关系紧张，美苏争霸加剧，中美双方互有需求，中美关系才开始解冻。

中美关系长达20余年的对立，使中国一直被西方世界拒绝。美国对中国采取的遏制和孤立政策，除了战争威胁，还有经济上的封锁。西方主流政治家大多认为，新中国没有能力自给自足。美国国务卿艾奇逊表示："正是在对华经济关系领域中，美国具有对付中共政权的最有效的武器。"

美国是怎样使用这件"武器"的呢？说起来真是恍若隔世。今天的美国，是多么希望中国购买自己能够出口的产品，但在20世纪50年代，美国不仅拒绝向中国运销自己的产品，还反对别的国家向中国出口。

1953 年 2 月，中国经波兰租船公司租得芬兰籍油船"维马号"，准备从罗马尼亚运载 10200 吨煤油到中国。美国知道后，先是要求芬兰政府制止"维马号"油船驶往中国，接着又要求土耳其政府就地扣留该船，但均未得逞，美国政府最后甚至考虑让台湾国民党当局的军舰击沉"维马号"油船。拖了几个月，尽管中国政府想了几种办法，让该油船能够驶向中国内地港口，但最后，"维马号"油船的船东竟然私自把中国进口的这批煤油全部卖掉了。中国不仅失去了这单生意，还蒙受了巨大的经济损失。

那时的中国，走向世界的努力，事实上只能走向半个世界。这对中国的现代化探索不能说没有影响。但是，即使在这种情况下，中国也没有放弃向西方学习的努力。

为了打破"封锁"和"禁运"，我国发展了与资本主义国家进出口贸易，图为 1952 年 6 月 1 日中国、日本贸易协议在北京签字　　　　　　　　　　　　　　王琼 / 供图

1961 年 9 月 24 日，毛泽东同蒙哥马利谈话时是这样表达的：
"搞社会主义还要积累经验，苏联、英国、美国、法国、日本的
经验，我们都愿意接受。"在同西方国家交往很少的情况下，接
受他们的建设经验，显然缺少渠道，很不现实。但毛泽东还是心
向往之，他对蒙哥马利说了一个实例："办工业，我们也很愿意问
你们。我看过一份报告，是我们的一个贸易代表团到你们那里去
以后回来写的，很有趣味。他们说，看到你们的一些工厂，并不
富丽堂皇，房子也不整齐，但是做出来的东西，质量好。"蒙哥
马利问："主席遇到难题的时候，是不是同马克思联系？"毛泽东
回答："他只有理论，他没有办过社会主义。社会主义，列宁办过。
所以遇到实际问题，要问自己，问苏联。"

　　直到 1972 年和 1973 年，中国相继和一批西方发达国家正式
建立外交关系，中国和西方世界的交往才多了起来，开始大批量
地引进西方国家的技术和设备，包括一些管理经验。

　　中国和美国实现关系正常化，是从"乒乓外交"开始的。
1969 年年初，尼克松出任美国总统，打开同中国交往的大门是
其外交政策中非常重要的一步。经过一系列试探和沟通，中美两
国领导人明智地决定调整各自的外交政策，采取大胆的步骤开启
两国关系正常化的大门。1971 年 3 月末 4 月初，在日本举行的
第三十一届世界乒乓球锦标赛，为中美正在酝酿的两国关系的突
破提供了机会。毛泽东邀请美国乒乓球队赛后访华，以中美人民
的友好往来揭开两国关系正常化的序幕。历史上著名的被誉为以
"小球推动大球"的"乒乓外交"，促进了中美关系的发展。

探索中干成了三件大事

中国共产党在建设时期的探索，干了三件大事。

第一件大事，是巩固新政权，刷新旧国风，通俗地讲，就是通过社会改造，塑造不同于旧中国的新的社会关系和文明价值取向。

就像人们所预料的那样，新中国一成立，便开始向过去告别。首先是中国大陆从此告别了旧中国一盘散沙的分裂局面，让中国大陆实现了完全统一。在大陆统一的基础上，还实现了56个民族的团结。这在中国的历史上，是从来没有过的事情。

紧接着，是进行社会动员，让人们发自内心地热爱自己的国家。1950年开始的抗美援朝战争，事实上把所有中国人的爱国热情，都奇迹般地调动起来了。

在抗美援朝战争期间，"抗美援朝，保家卫国"，成为一个家喻户晓的口号。人们加班加点地工作，把增产增收的东西捐献成飞机大炮，源源不断地送往前线。比如，北京石景山钢铁厂的职工，通过增加产量、捡废铁、捐奖金等办法，捐献了一架"石景山钢铁厂号"；四川简阳县种棉花的农民发起一斤棉捐献运动，在两个月内捐献了两架"棉农号"；中小学生也通过放学后捡粮食、打柴火换来的零钱，捐献了"儿童号"和"中国少年先锋号"。许多民族资本家也不甘落后，捐献最多的是上海著名的荣氏家族，捐出了7架飞机。连青海塔尔寺的僧人，也出现在爱国捐款的队伍里。据抗美援朝总会的数据，在一年的时间里，全国

1951年，济南市的商店店员们踊跃捐款支持抗美援朝　　　　　　　俄国庆 / 供图

各界人士组织的捐款，就达到 55656 多亿元（旧币），折合战斗机 3710 架。

赶赴前线采访的作家魏巍，发表的作品《谁是最可爱的人》，至今还被选进一些中学课文。新中国的几代人，都把自己对朝鲜战争的感受，把一个民族的尊严，把一个民族的和平愿望，浓缩进了这篇报告文学，浓缩进了电影《英雄儿女》和《上甘岭》，浓缩进了"风烟滚滚唱英雄"和"一条大河波浪宽"的歌声里……

经历大变局后，普通人最关心的还是自己的日子怎么过。渐渐地，对那些渴望改变现状的人来说，他们的日子果然开始向过去的模样告别了。

流离失所的游民和乞丐，开始被政府收容安置，终于有了一个属于自己的家。对居住在北京天桥附近龙须沟旁边的贫民来说，新中国成立后的最大感受，是告别了臭气熏天、蚊蝇丛生的居住环境。作家老舍在《龙须沟》中借用大杂院里市民的话说：人民政府真是咱们穷人自个儿的政府，王府井大街不修，西单牌楼不修，先给咱们来修这条几十年没人管过的臭沟。

新政权在治理旧社会顽疾方面，更是雷厉风行。人民解放军投入 150 万兵力，进入各地边远乡村、深山老林剿匪，遗祸中国人民的匪患，很快就被肃清了；在北方，则取缔了各种封建迷信的会道门组织，仅山西一省就有 8 万多群众退出各种会道门，北京则逮捕了 100 多个一贯道骨干；对那些吸食鸦片烟毒的瘾君子来说，日子也不好过了，因为政府通令严禁鸦片毒品，采取坚决措施收缴烟土毒品，禁绝鸦片种植，制贩烟毒者从严治罪；妓女曾经是司空见惯的职业，也被挡在了新社会门槛的外面，全国各大城市下令封闭妓院，政府还专门成立妇女生产教养院，让妓女们获得新生。

对中国妇女来说，随着 1950 年《中华人民共和国婚姻法》的实施，她们获得了真正的解放。这部新中国的第一部法律，废除了延续几千年的封建包办婚姻和一夫多妻制，推行自由恋爱和男女平等。恩格斯说过，妇女解放是衡量社会进步的尺度。妇女地位的空前转变，使"解放"的内涵延伸到了社会细胞之中。不少妇女因为对婚姻不满，受到虐待，要求离婚。那些还没有结婚的青年男女，最喜欢看的小说，是赵树理的中篇小说《小二黑结婚》，最喜欢看的戏曲，是评剧《刘巧儿》。《刘巧儿》里面有一段唱词，表达了青年男女对爱情和幸福的重新理解："从那天看见他我心里头放不下，因此上我偷偷地就爱上他。但愿这个年轻

1950年5月，《中华人民共和国婚姻法》的颁布使广大妇女摆脱了封建束缚，婚姻自主，喜事新办

张庆民 / 供图

的人，他也把我爱。过了门，他劳动，我生产，又织布，纺棉花。我们学文化，他帮助我，我帮助他，做一对模范夫妻立业成家呀。"

新的社会价值观和文明风尚渐渐树立起来。比如，移风易俗，反对愚昧迷信；强调社会平等，人民当家作主；倡导识字运动，推进义务教育；推崇艰苦奋斗、劳动至上的价值观；等等。事实上这些都属于中国现代化进程的社会前提和文化准备。

第二件大事，是按既定目标，让新中国过渡到社会主义社会，从而为中华民族赶上时代潮流，为国家的未来发展，构筑基本制度，提供政治前提。

新中国的成立，不是进入社会主义的标志。那时人们对社会主义的理解，就是像苏联那样，改变生产关系，让生产资料所有制基本都成为公有制，搞计划经济，大家一起按劳分配。而1949年的现实国情还不允许这样搞。

到1952年，国家经济以没有预料到的速度得以全面恢复，社会的经济运行体制也发生了很大变化，国营经济占据了市场的主动权。于是，在1953年到1956年，中国盛行一个政治名词，叫"一化三改"。"一化"，就是工业化，这是目标，是主体。"三改"，就是对农业、个体手工业和资本主义工商业实行社会主义改造。"一化三改"被称为社会主义过渡时期的总路线。这个总路线的背后，蕴含了当时中国对现代化进程的新构想——通过经济制度的变革和生产关系的提高，来加速工业化的进程，从而进入社会主义。

对农业进行社会主义改造的办法，就是在农村搞农业合作化。1952年，河北燕山山脉的村落里传出个有趣的故事，故事的主角是一个叫王国藩的农民。他把村里最穷的23户农民联合起来，办起了一个初级社，社里唯一的一头驴还有1/4的使用权属于没有入社的村民，人们就称他们是"三条驴腿的穷棒子社"。正是靠这3条驴腿，这个初级合作社第二年就发展到了83户，粮食亩产量从120多斤增长到了300多斤。

毛泽东知道这件事后，在1955年亲自编辑的《中国农村的社会主义高潮》这本书里说："我看这就是我们整个国家的形象，难道六万万穷棒子不能在几十年内由于自己的努力，变成一个社会主义的又富又强的国家吗？"

就在毛泽东编辑《中国农村的社会主义高潮》这本书的时候，农业合作化运动进入了高潮。看到几亿农民走上社会主义道路，毛泽东对人说，他现在很高兴，甚至比1949年新中国成立的时候还高兴。因为他觉得这件事情使中国的情况发生了"一个根本的变化"。到1956年年底，全国已有96.3%的农户加入了合作社。

中国传统的一家一户的小农经济，虽能自给自足，但是非常落后。中国共产党通过推广互助合作、成立农业合作社等形式，逐步把广大农民组织起来，实行集体劳动、统一经营。由于大规模工业建设开展后，对粮食的需求急剧扩大。1953年10月，中

农民踊跃报名加入农业生产合作社

张庆民／供图

共中央决定对粮食实行计划收购和计划供应（简称"统购统销"），由国家严格控制粮食市场，由中央对粮食实行统一管理。这一政策的推行加快了合作化的进程。到1956年年底，全国农业合作化的任务基本完成。

与此同时，对个体手工业的社会主义改造也很顺利。比较复杂的是对资本主义工商业进行社会主义改造。政府采取的办法，不是像马克思主义经典作家设想过的那样，也不像苏联实际搞的那样，进行无偿的没收和剥夺，而是搞公私合营，和平赎买。这种办法可以减少社会震动。

当然，一些经营得还不错的，特别是资产规模比较大的工商业者，对搞公私合营，心里难免忐忑和犹豫。为此，毛泽东亲自出面做工作，两次邀请工商界代表人座谈，希望大家能认清社

1955年年底，上海信大祥绸布商店挂上公私合营招牌　　吴雍／供图

会发展规律，掌握自己的命运，还说，国家富强，"是共同的富，共同的强，大家都有份"。被誉为"红色资本家"的荣毅仁表示："当然我们很珍视我们的企业，但如果我们只看到自己的企业，抱住私有制不放，未免目光太小。我们还要不断地进行几个五年计划的建设，使我们的国家更发展，生活更好。"

公私合营后，私方除参与企业管理外，政府还按资产付给资本家利息。究竟付多少利息合适呢？大多数资本家都抱着"争三望四"的心态。用他们的话讲，就是"三厘稍低，四厘不好讲，五厘不敢想"。结果政府一律定息为5%，从1956年1月算起，拿定息期限为7年。1962年到期后，又决定延长到10年。最后，1966年9月定息取消。这是出乎多数资本家意料的。资本主义工商业和平地转变为社会主义经济，这种方法确实是一个有历史意义的巨大创造。

从1953年到1956年年底，用了4年左右的时间，全国基本上完成了三大改造的任务。从那时起，中国迈进了社会主义社会的门槛。

怎样看待这件大事？历史的回答是：中国共产党在当时条件下，不失时机地提出过渡时期总路线，创造性地完成由新民主主义革命向社会主义革命的转变，在保证经济发展、社会稳定的情况下，以和平赎买的温和方式，确立起社会主义基本制度，实现了中华民族有史以来从未见过的最广泛而深刻的社会变革，为当代中国一切发展进步奠定了根本政治前提和制度基础。

当然，这当中也有缺点。主要是在1955年夏季以后，要求

1956年1月15日，在北京各界庆祝社会主义改造胜利联欢大会上，工商界代表乐松生向毛泽东献报喜信

过急，工作过粗，改变过快。形式也过于简单划一，以致遗留下诸如社会层面的经济创造不活跃这样一些问题。

此外，在政治制度方面，新中国成立后确立的人民代表大会制度、中国共产党领导的多党合作和政治协商制度、民族区域自治制度，则是今天的中国仍在坚持和发展的中国特色社会主义政治制度的三块"基石"。

第三件大事，是促进中国的工业化进程，提高社会生产力，基本上形成独立的、比较完整的工业体系和国民经济体系。

中国共产党探索社会主义建设的基础条件，用当时的话来说，叫作"一穷二白"。所谓"穷"，是指生活水平低，生产力水平低，具体表现为粮食少，钢铁少，机器少；"白"指人民接受教育的程度低，存在大量不识字的文盲，全社会科学文化水平不高。

新中国成立时，中国的工业落后到什么程度？

老百姓日常使用的一些轻工业产品，稍微现代一点的，前面都带有一个"洋"字。比如，"洋布"（纱布）、"洋火"（火柴）、"洋钉"（铁钉）、"洋烟"（香烟）、"洋酒"（葡萄酒）、"洋油"（汽油）、"洋灰"（水泥），等等。"洋"的意思，要么是从外国进口的，要么是模仿外国商品制造的。在人们的日常生活中，凡是沾了个"洋"字，便必定是让人好奇和羡慕的先进东西。

直到20世纪50年代，毛泽东还充满忧虑："现在我们能造什么？能造桌子椅子，能造茶碗茶壶，能种粮食，还能磨成面粉，还能造纸，但是，一辆汽车、一架飞机、一辆坦克、一辆拖拉机都不能造。"

这就是一个拥有世界1/4人口的大国，在工业化、现代化的潮流中遭遇的尴尬和难堪。

一个没有现代工业的国家，是永远强大不起来的。1953年第一天到来的时候，新中国前行的脚步出现了新的音符。《人民日报》这天的社论里出现了一个新名词："第一个五年计划"，还说，"工业化——这是我国人民百年来梦寐以求的理想"。从1953年到1957年实施的第一个五年计划，有156个重点建设项目，包括钢铁、煤炭、炼油、机械、飞机、汽车、发电各个工业领域。

鞍山钢铁公司是新中国成立前最大的钢铁厂，当时是一片废墟，日本人走的时候断言，今后的鞍钢只有种高粱了，要恢复生产，必须要20年的时间。然而，江山易手，情况便是两样。鞍钢不仅很快恢复了生产，1953年还新建了无缝钢管厂和大型轧钢厂，生产出中国历史上第一根无缝钢管。

还有新建的长春第一汽车制造厂，1956 年便生产出第一批解放牌汽车，结束了中国不能制造汽车的历史。

生产出第一批解放牌汽车后，人们专门编了一首《老司机》的歌曲来表达当时的心情："五十岁的老司机，我笑脸扬，拉起了手风琴，我们唠唠家常，想当年我十八岁学会了开汽车呀，摆弄那外国车呀，我是个老内行啊，可就是呀没见过呀，中国车呀，啥模样啊，盼星星盼月亮，盼的那国产汽车真的出了厂……"

1956 年 7 月 15 日，长春第一汽车制造厂生产出中国第一辆"解放牌"汽车，第一批国产"解放牌"载重汽车出厂的时候，全厂职工夹道欢呼

攀枝花钢铁公司外景

　　值得一提的还有，为了应对当时严峻的国际形势，预防战争，同时解决历史上造成的东西部发展不平衡的问题，中国从1965年起，把一些重工业产业逐步向西部延伸，在过去比较落后的西南和西北，建设了一大批具有战略意义的工矿企业和交通设施。比如，四川攀枝花钢铁工业基地、甘肃酒泉钢铁厂、成昆铁路、重庆兵器工业基地、成都航空工业基地、西北航空航天工业基地、核工业新基地、湖北第二汽车制造厂等，同时，还形成了攀枝花、绵阳、六盘水、宝鸡、酒泉等一批新兴工业城市，大大促进了西部地区的经济社会发展。

　　最让中国人引为自豪的成就，要数"两弹一星"的制造成果了。从1964年起，中国先后发射成功原子弹、运载火箭、氢弹、

1964 年 10 月 16 日
15 时，中国第一颗原
子弹爆炸成功。这是爆
炸后升起的蘑菇状烟云

人造地球卫星。邓小平后来说："如果六十年代以来中国没有原子弹、氢弹，没有发射卫星，中国就不能叫有重要影响的大国，就没有现在这样的国际地位。"

以上这些建设成就，构成了中国独立的比较完整的工业体系和国民经济体系，为改革开放新时期开创中国特色社会主义道路，为当代中国的一切发展，奠定了物质基础。

如何看待探索中的失误

毛泽东说过，"建设比革命更困难"。难在哪里呢？难在探索的过程就像是雾中行走，很曲折，很艰辛，也很容易出问题，甚至出现让人痛惜扼腕的挫折，令人唏嘘的失误和造成历史顿挫的错误。

建设时期中国共产党在经济发展上出现的最大失误，是为了尽快地改变贫穷落后的面貌，在1958年搞了"大跃进"运动。"大跃进"的问题有三：

一是全民炼钢。那个年代，钢铁是一切工业的基础，代表着国家的生产力水平。但是用小规模、土办法，靠缺少专业技术的群众炼出来的钢铁，多不能用。

二是为了提高农业产量，许多地方弄虚作假，甚至提出"人有多大胆，地有多大产"的口号。《人民日报》还发表社论，说"没有万斤的思想，就没有万斤的收获"。于是，见诸报道的小麦

1958年7月，宁夏贺兰山下土法炼钢的社员　　　　　　　　黎枫 / 供图

亩产最高的达到 8586 斤；稻谷亩产最高的达到 130435 斤。实际上，是把好几亩地的粮食堆到一亩地里来计算的。

三是为了提高生产力，把若干农业合作社合并成为更大规模的人民公社，生产资料以及某些生活资料不分社队统一调配。结果在分配上，比较穷一些的生产队，揩比较富裕的生产队的油。不少地方还以生产大队或生产小队为单位，办起了集体食堂。

这三方面的失误，从 1961 年起逐步得到纠正。

建设时期中国共产党在政治上的最大失误，是搞所谓的"文化大革命"。毛泽东作出"文化大革命"这样大的错误决策，主要是认为党内出现了一个走资本主义道路的当权派，危及社会主义的前途，只有发动群众，才能把被走资本主义当权派在各个领域占有的权力重新夺回来。这个判断，并不符合党内实际，也不符合当时中国社会的实际。

这场"革命"，当时被冠以"文化"之名，主要因为它是从思想文化领域的批判运动开始的。在当时新成立的"中央文化革命小组"（简称"中央文革小组"）的煽动下，以大中学生为主的红卫兵运动迅速蔓延全国，煽动"停课闹革命""破四旧""批斗封资修"，进而发展到抄家、打人、砸物。所谓"四旧"，是指"旧思想、旧文化、旧风俗、旧习惯"；所谓"封资修"，是指封建主义、资本主义、修正主义。同时，一些被视为"反动学术权威""走资本主义道路的当权派""反革命修正主义分子"的人，受到批斗和侮辱。

随后，各地出现大批造反派组织，掀起了夺取各级党政领导机关乃至工厂、农村领导权力的狂潮。造反派的大规模武斗，造成了大批人员伤亡，酿成严重社会灾难。各级政权机关普遍陷于瘫痪、半瘫痪状态。

局势越来越往难以控制的方向发展。毛泽东原本设想，"文化大革命"搞两三年就可以结束了，但终归是树欲静而风不止。晚年的毛泽东，内心充满矛盾。他认为"文化大革命"的错误只是局部的而非全局性的，即三分错误，七分成绩，不愿意从根本上否定这场运动，再加上上升到党和国家领导人位置的"四人帮"推波助澜，致使"文化大革命"一直到1976年才得以结束。

"四人帮"是指"文化大革命"期间，王洪文、张春桥、江青、姚文元4人在中共党内结成的帮派。这4个人是"中央文革小组"的重要成员，后进入中央政治局。他们凭借手中的权力迫害了一大批干部和知识分子。1976年10月，中央政治局一举粉碎"四人帮"，"文化大革命"结束。

"文化大革命"结束后，中国共产党深刻地反思了这场运动，认为它实际上是"给党、国家和各族人民带来严重灾难的内乱"，"使党、国家和人民遭到了建国以来最严重的挫折和损失"，必须彻底否定。

世界上没有不犯错误的人，也没有不犯错误的政党。中国共产党对待自己历史的顿挫和曲折，历来采取郑重的态度，一是敢于承认，二是正确分析，三是坚决纠正，从而使错误教训和成功经验一起成为宝贵的历史教材。

今天人们看待建设时期的探索，使用的方法是：深入分析那

1976 年 10 月，首都百万群众在天安门广场集会，欢庆粉碎"四人帮"　海峰 / 供图

个时候的客观条件和主观条件，说明在什么样的条件下，有些事情如果没有当时的积累和成就，我们今天就很难做起来；有些事情当时也开始在做，由于条件的变化，我们今天做得更好了；有些事情难免那样做，做了以后出现什么样的不好的结果；有些事情可以不那样去做，但当时为什么又那样去做了，留给我们什么教训。

　　这样一来，历史就真正成为后人的教科书。这也是中国共产党能够做到坚持真理，修正错误，不怕挑战，能够走出逆境，取得成功的奥秘所在。

第 六 章

「坚持真理」

历史转折

★ ★ ★

　　"文化大革命"结束后，中国的发展有 3 种可能的选择：一是坚持"以阶级斗争为纲"，总体上继续"文化大革命"的思路，只作局部的调整；二是认为"文化大革命"错了，不能再搞，应该回到"文化大革命"以前的路子上去，很多人抱有这样一种想法；三是纠正"文化大革命"的错误，解决历史遗留问题，顺应历史的潮流，从中国的实际出发，不断地研究新情况，解决新问题。

　　1978 年，经历两年徘徊中前进的局面后，中国作出了第三种选择，拨乱反正、开创新局，踏上新的征程。那么，新的征程究竟为什么要开启，又是怎样开启和前行的呢？

哲学命题引发的一场政治大讨论

　　"文化大革命"结束后，人心思变。读书成为青年人最有兴趣的选择，像《安娜·卡列尼娜》、《高老头》和《西厢记》这样一些在"文化大革命"中禁读的作品解禁了。被取消 11 年的大学招生考试也恢复了。科学家们开始受到特别的尊重。有了一种解放感觉的人们，迸发出很大的创造热情，对社会变革有一种强烈的期待。

但这毕竟还是乍暖还寒的季节，人们心头的禁锢和沉重并没有远去。1977年8月召开的中共十一大，报告中依然还有这样的语言："第一次文化大革命的胜利结束，决不是阶级斗争的结束，决不是无产阶级专政下继续革命的结束。文化大革命这种性质的政治大革命今后还要进行多次。"

许多在"文化大革命"中遭受冤屈的人，最迫切的愿望是改变自己的政治命运。在北京的大街小巷，到处都可以看到上访的人。但是，他们大多失望而归。人们为改变自己命运付出的努力，没有获得应有回报。因为"以阶级斗争为纲"的政治路线，"文化大革命"的惯性，仍然封冻着已经苏醒了的时代心灵。

影响人们前行步伐的症结在哪里呢？

1977年2月，《人民日报》、《红旗》杂志和《解放军报》发表题为《学好文件抓住纲》的社论。社论提出："凡是毛主席作出的决策，我们都坚决维护，凡是毛主席的指示，我们都始终不渝地遵循。"这就是曾经影响中国历史进程的"两个凡是"。正是这个主张，使人们在长期动乱后急迫要求澄清是非的愿望得不到满足，并形成新的思想禁锢，捆住了历史前进的脚步，使中国无法从根本上走出"文化大革命"深重灾难的阴影。

率先看到"两个凡是"要害的是邓小平。1977年4月，他还没有复出的时候，就给中央写信说，必须世世代代地用准确的完整的毛泽东思想来指导我们的事业。在这以后，他反复讲："两个凡是"不行，不符合马克思主义。邓小平的率先表态，拉开了当代中国历史上一场前所未有的思想大解放的序幕。

1978年5月11日，《光明日报》发表的《实践是检验真理的唯一标准》一文　　海峰/供图

1977年冬，几百名中高级干部在中央党校讨论"文化大革命"等历史问题时，主持工作的副校长胡耀邦提出了两条原则，一是要完整准确地理解毛泽东的有关指示，二是要用实践作为检验是非的标准。正是这个实践标准，成为同"两个凡是"交锋的思想利剑。

在中央党校召开会议以前，南京大学哲学系教师胡福明曾把自己写的《实践是检验真理的标准》一文寄给了《光明日报》，引起报社负责人的高度重视。当时在中央党校学习的《光明日报》总编辑看了胡福明的文章清样后，就请中央党校的教授们来一道修改，最后完成了《实践是检验真理的唯一标准》这篇文章。这篇文章在1978年5月10日的中央党校内部刊物《理论动态》和5月11日的《光明日报》上先后刊登了出来。《人民日报》《解放军报》等立刻转载，新华社以头条国内新闻把这篇文章转发全国。

《实践是检验真理的唯一标准》这篇文章引起了一些人的不安。有人批评说，这篇文章是砍"旗"，是"丢刀子"，是很坏的，犯了方向性的错误。砍"旗"就是砍掉毛泽东的旗帜，"丢刀子"就是把可以置敌人于死命的刀子给丢掉了，这里是指党的思想武器。邓小平听说后，在5月30日明确表态：现在，连实践是检验真理的标准都成了问题，简直是莫名其妙。两天后，他在全军政治工作会议上再次强调，有一些同志天天讲毛泽东思想，却往往忘记、抛弃甚至反对毛泽东的实事求是这一马克思主义的根本观点。邓小平希望人们打破精神枷锁，来一个思想大解放。

今天的人们可能无法想象，一个非常简单的哲学命题，一种已经被前人咀嚼过千百遍的思想，竟能在1978年的中国，把几亿人搞得沸沸扬扬，并由此促进历史新时期的到来，改变了中国的命运。

有人统计，关于真理标准的大讨论，从1978年5月11日到这年年底，全国省级以上的报刊发表讨论文章650多篇。光是理论界的关注倒也罢了，更奇特的是，从这年8月到11月，30多位省、市、自治区的第一书记和各大军区的司令员、政委，纷纷就这个本来不属于他们专业范围的话题表示了政治态度。一批德高望重的老革命家在这年11月至12月的中央工作会议上纷纷表示：真理标准的讨论已经不是一般的理论问题。

邓小平最后一锤定音："目前进行的关于实践是检验真理的

唯一标准的讨论，实际上也是要不要解放思想的争论。"

话说到这份儿上，真理标准讨论拥有的超出人们想象的"政治含量"，已经尽现无遗。这场讨论之所以有非同寻常的政治含量，是因为它和实践的关联度太深了。

深到什么程度？举一个例子。当时担任山东菏泽地委书记的周振兴，正在为农民要求包产到户发愁。尽管他支持农民土地承包，但怎样说服其他干部也同意呢？于是，他在菏泽地委三级干部会议上的讲话中说——

"最近，在全党正在讨论一个问题，不知道同志们注意了没有，真理的标准问题，有人说检验真理的标准，是马列主义毛泽东思想，有人说不是，检验真理的唯一标准是社会实践，我们认为后一种意见是正确的，对的。你说这政策是好的，群众不欢迎，它能是好的？你说这政策是资本主义的，是错的，广大群众听了很高兴，愿意按这个办，如果你规定的这个政策限制了生产力发展，那么你这项政策就是错误的。我们菏泽地区农业产量为什么老上不去呢？所以我们建议不妨到群众中去走一走，看一看，听一听。"

转折关头的一次"伟大觉醒"

当时中国的境况是，社会管理体制僵化，中国与西方发达国家的差距拉大。在农村一些地方，遇到荒年外出讨饭时有发生。1978年年底决心搞包产到户改革的安徽凤阳县小岗村，就是一遇荒年便外出讨饭的村庄。

实现现代化的脚步也被耽误了。重庆炼钢厂有两台清朝末年从英国引进的蒸汽式轧钢机。1978年，一位日本记者访问重庆炼钢厂时，看到这两台100多年前生产的设备，居然还在使用，难以置信，还以为标签的年代写错了。

曾任国务院副总理的谷牧后来回忆说：那个时候，我们这些管经济工作的，看看国际的形势，看看我们自己的历史，觉得我们不发展得快一点不行。我们应当下决心干了。我单独给小平同志去汇报。小平同志说，不能再耽误时间了，要抓紧，行动起来。

怎样才算是行动起来？就是要尽快把工作重心转移到经济建设上来。1978年，邓小平先后去了广东、四川、东北，"点了三把火"。他走一路，说一路，反复讲的就是这个问题。他说："政治运动搞得过久，人们就厌倦了。正确的政治领导，归根到底，应该表现在生产力的发展上面，表现在人民生活的改善上面。"他甚至说："如果在一个很长的历史时期内，社会主义国家生产力发展的速度比资本主义国家慢，还谈什么优越性？外国人议论中国人究竟能够忍耐多久，我们要注意这个话。"

邓小平关于工作重心转移的提议，得到了中央政治局的认可，决定在1978年11月召开的中央工作会议上讨论一下。

1978年11月，在中共中央办公厅工作的胡丹接到通知，要他作为中央工作会议的工作人员，去京西宾馆报到，负责编写会议简报。胡丹后来回忆，他带着20斤粮票和一些现金去报到。按当时规定，会议工作人员要自己交纳会议期间的伙食费，每天1斤粮票。没想到，原定会期20天的会议，从11月10日一直开到了12月15日，开了36天。他不得不中途又回家去取了粮票。

会期延长，是因为历史在这里拐了个大弯。

11月10日中央工作会议开幕时，宣布的议程是：先用两三天时间，讨论一下结束大规模揭批"四人帮"运动，以便把全党工作的着重点转移到社会主义现代化建设上来。然后主要讨论农业和经济计划等问题。

前两天的讨论波澜不惊。11月12日是讨论工作重心转移问题的最后一天。这天，一向谨言慎行、话语不多的老资格的共产党人陈云，放了一"炮"。他说，他完全赞成中央实现全党工作重心转移的意见，接着话锋一转，提出安定团结也是全党和全国人民关心的事，他们对能否安定团结有顾虑，主要是因为重大历史遗留问题没有解决，随后一口气点出好几个应该平反的冤假错案，触及当时政治生活中的敏感话题。

陈云的发言可谓"一石激起千层浪"，引起与会者的强烈反响。在当时，如果不对"文化大革命"及其以前造成的冤假错案进行平反，人心就不顺，也不能很好地调动人民的积极性来搞经济建设。

思想一放开，代表们的发言就像冲破了闸门的潮水。"文化大革命"到底对不对的问题被提了出来，"以阶级斗争为纲"的政治路线到底对不对的问题被提了出来，一些人阻碍真理标准讨论的错误也被提了出来，为1976年发生的"天安门事件"平反，更是代表们关注一个的焦点。"天安门事件"亦称"四五运动"，是 1976 年 4 月 5 日发生的反对"四人帮"的全国性的群众性抗议运动。该事件在当时被错误地定为反革命性质，后来被予以平反。

一个本来讨论经济工作的会议，就这样变成了全面拨乱反正、促进历史转折的会议。与会者们的发言，事实上揭示出在历史转折关头，需要认真思考的一些问题。比如，"实事求是"的思想路线，"民主集中制"的运行原则，极端重要，然而要真正做到，不是一件很容易的事；在社会主义基本制度建立起来以后，工作重点是"以阶级斗争为纲"去"继续革命"，还是搞

1976 年清明节前后，北京市上百万人民群众自发地聚集于天安门广场，在人民英雄纪念碑前献花篮、送花圈、贴传单、作诗词，悼念周恩来，拥护邓小平，声讨"四人帮"。图为人民英雄纪念碑前群众自发悼念周恩来的花圈

吴鸿清 / 供图

经济建设和发展生产力？在中国共产党执政的情况下，通过轰轰烈烈的大规模群众运动来解决一些问题对不对？已经建立起来的一些体制机制，是否需要进一步完善发展，特别是民主法治建设是否得到重视，按法律办事的原则是否得到落实？还有，高度集中的计划经济体制在中国的工业化进程中确实功不可没，但它本身是不是越来越僵化而束缚了社会生产力的发展，需要对它进行改革？

12 月 13 日，在中央工作会议闭幕会上，根据与会者提出的问题和会议讨论的情况，邓小平作了《解放思想，实事求是，团结一致向前看》的著名讲话。在这篇讲话中，邓小平特别强调："一个党，一个国家，一个民族，如果一切从本本出发，思想僵化，迷信盛行，那它就不能前进，它的生机就停止了，就要亡党亡国。""我们过去没有及时提出改革，但是，如果现在再不实行改革，我们的现代化事业和社会主义事业就会被葬送。"

这篇讲话，统一了思想，明确了即将召开的中共十一届三中全会的指导方针和主要任务，被认为是中国实行改革开放的第一份宣言书。实际上成为接下来召开的中共十一届三中全会的主题报告。

1978 年 12 月 18 日开幕的十一届三中全会，由于有了中央工作会议的充分准备，只开了 5 天。会议进程出奇顺利，再没有其他的花絮，也没有更多的细节。举手是每一次会议都必不可少的程序，然而这一次的举手却非同寻常，人们托举起来的是一个新的航程。

1978 年 12 月 18 日至 22 日，中国共产党十一届三中全会在北京举行，从开创了我国社会主义事业发展的新时期

中共十一届三中全会，恢复了实事求是的思想路线，果断地停止使用"以阶级斗争为纲"的口号，作出把工作重点转移到社会主义现代化建设上来、实行改革开放的战略决策，从而实现了党的政治路线的转折。同时，提出要多方面改变同生产力发展不相适应的生产关系和上层建筑；正确处理政治上的民主与专政、民主与法制、民主与集中的关系；经济上要按经济规律办事，肯定经济管理权限下放的原则。

对这一历史转折的内涵，一般认为它实现了 3 个转变：从以阶级斗争为纲转到以经济建设为中心，从封闭半封闭转到对外开放，从墨守成规转到各方面的改革。关于改革开放这一历史新征程的意义，人们认为它是中国共产党的一次"伟大觉醒"，是中国人民和中华民族发展史上一次"伟大革命"，是和建立中国共产党、成立中华人民共和国并列的三大"里程碑"之一。

改革带动了开放，开放促进了改革。1978 年前后，中国掀起了一股出国出境考察热潮。据当时国务院港澳办公室统计，仅从 1978 年 1 月至 11 月底，经香港出国和去港考察的人员就达 529 批，共 3213 人，其中专程去港考察的有 112 批，共 824 人。经党中央批准的国家级政府经济代表团有 4 个，分别赴西欧、东欧、日本和中国港澳地区访问。以国务院副总理谷牧为团长的赴西欧五国代表团到了西欧五国的 25 个主要城市，共参观了 80 多个工厂、矿山、港口、农场、大学和科研单位，看到了西欧五国在第二次世界大战后社会各方面的变化，也看到了中国在工农业生产、交通运输、教育科学技术以及企业管理等方面与他们的差距。

改革领域的一个重大突破

新征程启动以后，沿途写满了 4 个字："改革开放"。而改革开放首先是在经济体制领域获得重大突破的。

改革开放初期，中国得出一个结论：关起门来搞建设不行，中国的发展离不开世界。于是，一个大胆的决策出台了：尽量吸收国外先进经验，引进资金和技术，加速我们的发展。

现在，人们把这个决策叫开放。这已经是今天的人们熟悉得有些陌生的词汇了，但在当时，却是一个风险十足的决策。学习资本主义国家的经验，向他们借钱来搞建设，必须克服历史因素造成的巨大的心理障碍。当时担任国务院副总理的谷牧，到日本谈判借款的时候，甚至遭到他的老母亲的反对。老母亲说："你到那个地方去干什么，日本侵略过我们，怎么能够向他们借钱呢？"

不仅是借钱，更大的开放举措还在后头。1979年4月，广东省委第一书记习仲勋到北京参加中央工作会议。他在发言中希望中央能根据广东紧靠香港、澳门，华侨众多的特点，给予广东特殊政策。几天后，他当面向邓小平汇报了具体设想。邓小平作出了今天已为人们所熟知的决断："我看可以划出一块地方，就叫作特区。陕甘宁就是特区嘛。中央没有钱，要你们自己去搞，杀出一条血路来。"

把创办经济特区，从西方国家引进资金、技术甚至经济管理办法，比作"杀出一条血路"，可见这一举措沉甸甸的历史分量。需要说明的是，中国经济特区与外国自由贸易区、出口加工区有

20世纪80年代，作为当年改革开放的第一试验田，深圳蛇口远看上去不过是渔村加小码头而已

安哥 / 供图

如今的深圳蛇口港码头高楼林立，一派繁荣景象 　　　　　　　　　韦洪兴 / 供图

本质的不同，它是在中国政府管理下，作为社会主义经济的一种补充形式。在维护中国主权和国家利益的前提下，中国法律保障客商的合法利益，并贯彻平等互利的原则，提供一定的优惠条件。以深圳为代表的经济特区发展，果真不负众望。如今的深圳，已成为 GDP 总量超过香港的现代化大城市。

经济特区是开放的窗口，更是改革的试验田和"排头兵"。当时人们的思路是，以开放促改革。

那么，中国的经济体制改革整体上又是朝着什么样的方向前进的呢？几十年来的实践很明确，就是建立和完善社会主义市场经济体制。

在那时人们的认识中，市场经济是资本主义社会的专利。在社会主义国家，为了现代化去搞市场经济，而不是传统上人们习惯的计划经济，有不少人想不通。不仅一些中国人想不通，连西方一些国家的政要也想不通，就有人意味深长地对中国领导人说，你们怎样把社会主义和市场经济结合，很难，如果搞成了，那真是哲学上的一个贡献。

想不通怎么办，那就先试着干。在试着干的过程中，人们总要碰到一个经济学概念，这就是计划经济。

什么是计划经济呢？就是经济领域的生产和销售，都要按国家的计划来运行。这是从 20 世纪 30 年代的苏联开始确立的经济体制，中国在建设时期理所当然地选择了它。这种经济体制能够有效地集中财力、人力和物力办一些大事，并为建立新中国的工业体系作出了贡献。但是，随着历史条件的变化，它的弊端也明显暴露出来。

比如，名目繁多的各种计划表格，并不能反映生产实际和人们的生活诉求。每年一度的全国经济计划工作会议，常常一开就是一个月，如果搞五年计划，甚至要商量一年半载。为什么这么难？比如，煤炭行业生产计划定了后，要算出需要多少枕木，然后到森林工业部门申请木材，木材订好后，要到铁路部门跑车皮运输。大到飞机火车，小到妇女用的发卡，人们早晨吃的油饼，都要制定出几千个指标，形成几十个上百个计划表。结果是，计划的方案常常和人们的生产生活脱节。

再一个弊端，是捆住企业的手脚，管得太死，不利于调动生产积极性。计划指标是刚性的约束，生产多少卖多少，在流通领域，没有降价和提价一说。甚至还出现这样的事情：在沈阳市铁西区的北二马路上，一边是生产铜的沈阳冶炼厂，另一边是需要铜的沈阳电缆厂。在今天看来，电缆厂跨过马路直接到冶炼厂买铜，顺理成章。可在计划经济体制下却不能这样做，因为两家企业分属不同的部门，他们生产什么，产品运到何地，到哪里去进货，这些都是严格按上级部门的计划进行的，不能随意改变。结果，沈阳电缆厂买电解铜需要到南方去进货，每吨货物的价格增加四五百块钱，一年下来，就浪费500多万的成本费用。

1978年秋天，四川省率先在宁江机床厂、重庆钢铁公司等6个企业开始进行扩权试点，拉开了中国城市经济体制改革的序幕。当时扩权的内容，主要是给一些企业自主权、干部任免权、技术改造项目的投资权，还有产品的自销权、一定范围的用工权。扩权试点企业的探索终于在高度计划体制这张网上捅开了一个缺口。

与此同时，计划体制外的市场萌芽开始显示出不可遏止的生命活力。那些不吃皇粮自谋职业的城镇个体户，那些在实行家庭联产承包责任制以后多余的农村劳动力，硬是搞起了各种小买卖，在自己的生存空间里闯出了一片红红火火的天地。

中国搞社会主义市场经济，就这样在实践摸索中逐步推进起来。先是农民们摆脱了人民公社体制的束缚，把土地分到各家各户来耕种。接着是扩大国营企业的自主经营权，让他们承包经营，自负盈亏，资不抵债了就让企业破产。再后来，干脆就促进民营经济发展，让老百姓自己办企业，还建立了股票市场。这就一步一步地把中国的经济引向了社会主义市场经济的轨道。

那么，该如何看计划和市场呢？

1992年年初，邓小平到南方视察并发表了重要谈话。他明确指出，资本主义与社会主义的区分不在于是计划还是市场这样的问题，不要以为，一说计划经济就是社会主义，一说市场经济就是资本主义，不是那么回事，两者都是手段，市场也可以为社会主义服务；社会主义要赢得与资本主义相比较的优势，就必须大胆吸收和借鉴人类社会创造的一切文明成果，包括当今资本主义发达国家的一切反映现代社会化生产规律的先进经营方式和管理方法。

中国在1992年正式提出建立社会主义市场经济体制以后，如何完善它，也有一个探索过程。刚开始，人们对市场经济在调配资源方面的优点自然要多讲一些，尽管也认识到它有缺点，但毕竟缺少具体实践和切身体会。但现实当中出现了诸如住房难、看病难以及生态环境恶化等问题，出现了分配不公、收入差距拉大的问题，出现了利益群体的分化和固化的问题。这样一来，人们对市场经济的优缺点比过去看得更加清楚了。2013年中共十八届三中全会强调，完善社会主义市场经济体制，关键在处理好政府和市场的关系，于是注重讲两句话，一句是"让市场在资源配置中起决定性作用"，一句是"更好发挥政府作用"。

改革开放以来，中国始终如一地坚持以经济建设为中心，把解放和发展社会生产力放在中心位置，把建立和完善社会主义市场经济体系作为改革开放的关键环节。到 2017 年，又进一步提出，要在完善社会主义市场经济体制的基础上，把建设现代经济体系作为中国经济发展的战略目标。

第 七 章

「现代化」

领导中国赶上时代

★ ★ ★

从 1978 年起，中国进入"改革开放和社会主义现代化建设"历史新时期。

在历史新时期中国共产党领导人民扬帆远航的时候，邓小平说过三句话：第一句："社会主义现代化建设是我们当前最大的政治，因为它代表着人民的最大的利益、最根本的利益。"第二句："能否实现四个现代化，决定着我们国家的命运、民族的命运。"第三句："我们要赶上时代，这是改革要达到的目的。"

改革开放 40 年后，2018 年，习近平同志又补充了一句："我们不仅要赶上时代，而且要勇于引领时代潮流、走在时代前列。"

在改革开放和社会主义现代化建设进程中，中国共产党领导人民，是怎样赶上时代，进而走在时代前列的呢？

越来越清晰的现代化布局

改革开放为了什么？是为了实现中国人 100 多年来梦寐以求的现代化。

改革开放一开始就是和推进社会主义现代化紧密联系在一起的，标准表述是"进入改革开放和社会主义现代化建设的新时期"。

关于现代化，新中国成立前，人们讲得比较多的是实现中国的近代化，建设近代化的工业。从新中国成立前夕到 20 世纪 50 年代，主要讲实现工业化，建设社会主义强国。到了 20 世纪 60 年代，讲得最多的是实现现代化，还具体设定了"四个现代化"的战略目标，即实现工业、农业、国防和科学技术的现代化。

改革开放初期，干"四化"，是把中国上下凝聚起来、深入人心的口号。

1978 年年初，四川的《重庆日报》收到一份奇特的《寻人启事》，要寻找一个叫白智清的人。《寻人启事》说：白智清是重庆钢铁公司机修厂的一名技术员。他在 1974 年至 1975 年，多次给中央写信，批评张春桥"宁要社会主义的草，不要资本主义的苗"的观点，结果在 1976 年被捕入狱。事过两年，天空已晴朗，真相已大白，然而白智清仍然杳无音信，希望《重庆日报》把这份启示公之于众。几个月后，白智清出狱了。当人们问他最需要什么时，身体虚弱的白智清伸出了右手的 4 个手指头。他说，他要"四个现代化"。

但是，怎样干"四化"，"四化"究竟是什么样子？人们心里并不十分清楚。为了摸清国外的情况，中国派出不少代表团频繁出访。邓小平访问日本时，对工厂企业和日本经济的发展过程有着异乎寻常的热情。在神奈川日产汽车制造厂，他了解到，这里的劳动生产率比当时的中国长春第一汽车制造厂要高几十倍，邓小平感慨地说："我懂得什么是现代化了。"现代化，20 世纪 50 年代一个样，20 世纪 60 年代不一样了，20 世纪 70 年代又是一个样。也就是说，时代在前进，不能按老眼光来看现代化的模样了。

改革开放是实现现代化的必由之路，现代化又是一个不断探索、渐进积累的过程。中国人对现代化模样的认识，对现代化道路的认识，是在不断扩展和深化改革开放的过程中逐步清晰起来的。

从20世纪80年代开始，人们认识到，中国的现代化不光是经济上的现代化，于是提出了物质文明和精神文明两手抓，两手都要硬。到了20世纪90年代，人们又觉得，单是两个文明还不够，于是提出了物质文明、政治文明、精神文明三个文明。进入21世纪，再提出构建和谐社会，实际上就是社会文明。到2012年中共十八大，又增加了生态文明。

这样一来，中国现代化道路便形成了"五位一体"总体布局。也就是说，改革开放40多年来，中国的现代化进程，是在社会主义市场经济、民主政治、先进文化、和谐社会和生态文明5个方面同时展开的，而不是某一方面的单项突进。

这里特别要说的是，2013年，全面深化改革的总目标确立，也就是说，完善和发展中国特色社会主义制度，推进国家治理体系和治理能力的现代化。这是认识和理解中国现代化的一个飞跃。2018年，随着党和国家机构的大幅度改革，随着国家监察法的出台和国家监察委员会的成立，人们看到，一场推进国家治理体系和治理能力现代化的深刻变革正在发生，目的是构建更加成熟、更加定型的现代化国家治理结构，使中国的现代化脚步稳定地向前迈进。

从过去把建立社会主义市场经济体制当作经济改革的目标，到今天把建设现代化经济体系当作经济发展的战略目标，进而把国家治理体系和治理能力现代化当作全面深化改革的总目标，是中国现代化进程中历史性的跨越。

在今天，要问中国的现代化进程有没有短板，回答是肯定的：有！什么是最应该补上的短板，可能有不同的概括。我以为，最应该补上的短板，有两个方面：一个是大家公认的解决各地区、各领域发展不平衡、不充分的问题，另一个是普遍构筑起现代化国家的国民应该有的从容自信心态和核心价值观，进而实现人的现代化和全面发展。前者是中国现代化进程的硬道理、硬标志，后者是中国现代化进程的软动力、软实力，两者缺一不可。

如果从 40 多年前的改革开放算起，中国的现代化进程，是主动打开大门引进来，主动打开大门走出去的进程，在融入世界的过程中吸收西方进步文明成果，但又没有简单依赖此前西方现

2018 年 3 月 23 日，中华人民共和国国家监察委员会正式揭牌

代化的路径和模式。不打开大门，就没有中国的现代化道路；不坚持走自己的道路，也很难真正科学有效地打开大门。这或许是中国现代化道路给世界提供的"斯芬克斯之谜"。

"全面小康"：现代化进程中的一座里程碑

刚开始搞改革开放的时候，邓小平抓住"实现四个现代化"这个具体目标勾画未来。但是，外国人不理解。1979 年，来访的日本首相大平正芳问他：中国追求的现代化是什么样子，邓小平沉默了一会儿，回答说：我们实现的四个现代化，是"中国式的四个现代化"。那么，什么才算是"中国式"的现代化呢？邓小平由此发明了今天的人耳熟能详的概念，叫"小康"。在中国传统语境中，"康"指的是生活殷实，"小康"是日子基本好过，相对富裕，但不是特别充足，人民生活水平比上不足，比下有余。但还不是理想状态。

小康是中国人赶上时代、实现现代化的一个阶段性目标。

按邓小平的设想，到 2000 年，中国的国内生产总值达到 1 万亿美元，人均达到 800 美元，就算实现了小康。事实上，在 20 世纪末，人均国民生产总值已经远超 800 美元，但中国共产党认为当时的小康还不全面、不平衡，于是调整了小康社会的目标，认为小康社会不只是在经济数字，更在于政治、社会、文化等方面的全面进步。即使讲经济数字，也应该聚焦到人均国民收入上面。

为此，中共十八大正式提出"全面建成小康社会"，并把它作为在中国共产党成立 100 年的时候必须实现的奋斗目标。当时还设想过一个具体标准，在 2020 年的时候，让城镇居民人均可支配收入达到 4 万元人民币，农村居民达到 12000 元。

实际上，在 2019 年，中国城镇居民人均可支配收入就达到 42359 元，农村居民人均可支配收入达到 16021 元，平均下来，达到 3 万元人民币左右。中国提前一年超过预定的人均收入目标。2020 年，在新冠肺炎疫情导致全球经济衰退的情况下，中国人均可支配收入增长到 32189 元，中等收入群体超过 4 亿人口。

全面建成小康社会的这个硬指标，中国已经不特别强调了。人们更看重的是获得感和幸福指数。

先看日常的衣食住行。中国人的衣着，出现了从追求保暖到追求美观的变化。多数人的口腹之欲，不再是大鱼大肉，反过来是想吃得清淡一些，一说是绿色食品，价格贵些也要争先恐后地去买。中国的人均住房面积已经达到 30 平方米，这在过去是不敢想象的。私家车在城市里已经普及，中国人每年出国旅游的达到 1 亿人次。

还有，大学教育实现了从精英化教育到大众化教育的转变，现在不少家长追求的，不是孩子上不上大学，而是希望能考上好的大学、好的专业。中国面向全体国民的最低生活保障、医疗保障和养老保障体系已经建立起来。中国人的平均寿命从 1949 年的 36 岁提高到了 77.8 岁。

小康梦想，当然不能建立在社会人群的撕裂土壤上面。不能

陕西省延川县文安驿镇梁家河干净整洁的住宅小区

以平均数理念代替共享的发展理念。世界上许多社会撕裂和不公平的事情，常常会被"平均数"掩盖。

全面建成小康社会，重在"全面"，什么是全面？要让不同群体、不同区域的人们都能达到小康水平，要让中国经济、政治、文化、社会、生态文明这五大建设领域实现全面进步。

在小康路上，一个也不能少。"小康不小康，关键看老乡。"把中国建成小康社会，关键在农村贫困地区。正如习近平同志所说的："没有贫困地区的小康，没有贫困人口的脱贫，就没有全面建成小康社会。我们不能一边宣布实现了全面建成小康社会目标，另一边还有几千万人口生活在扶贫标准线以下。如果是那样，就既影响人民群众对全面建成小康社会的满意度，也影响国际社会对全面建成小康社会的认可度。"

于是，新时代中国打响了扶贫攻坚战。

几乎所有的机关事业单位和国有企业都被动员起来，选派干部到贫困村去担任党支部第一书记。本地干部也"一对一"明确了帮扶对象，对贫困县的党政"一把手"，则要求他们全县不脱贫摘帽，就不能调走。

2018年年初，在广西百色市委宣传部工作的黄文秀，主动请缨到乐业县的贫困村百坭村担任第一书记。百坭村是一个深度贫困村，没有脱贫的有103户、474人。

为了使百坭村尽快靠产业扶贫，黄文秀和群众一起学经验、找路子，联系专家指导，发展特色产业。全村种植的杉木、砂糖橘、八角、优质枇杷，成为百坭村脱贫致富的支柱产业。

2018年，百坭村103户贫困户顺利脱贫88户。

黄文秀在广西乐业县新化镇皈里村学习养蜂技术

谁也想不到，2019年6月16日，黄文秀遭遇山洪暴发，她的生命定格在30岁。

像黄文秀这样的驻贫困村的干部，全国累计选派有300多万名。

打赢这场扶贫攻坚战，关键在"精准"。谁家是贫困户，要算出细账，不能马虎；在贫困地区上马的扶贫项目，要因地制宜，符合实际；扶贫资金的使用，要有效果，不是把钱花出去就不管了；派往贫困村的干部，要真能够发挥作用；脱贫成效如何，也要精准核算。

至于脱贫的途径，也做了设计。布局是：通过发展生产，诸如搞特色产品或乡村旅游等来脱贫；如果环境恶劣，资源奇缺，索性就让村民搬迁到条件比较好的地方去；属于自然保护地带的贫困村，则给他们相应的生态补偿；改善教育条件，加大技能培训，给贫困地区的人们外出挣钱创造条件；最后，实在是因为缺少劳动力或因大病致贫的，就靠社会保障来兜底。

到2020年，中国的贫困人口，全部脱掉了长期以来戴在头上的那顶"贫困"帽子。再经过一段时间的巩固，中国将在2021年宣布，一个14亿人口的大国，进入了全面小康社会。

大别山腹地的安徽省金寨县大湾村，曾是国家级贫困县的重点贫困村。2020年4月正式脱贫出列。

这年，15岁的南非姑娘瑞贝卡·尼什和爸爸肖恩一起，开车从合肥出发，200多公里的路程，3个小时就到了大湾村。肖恩说："我以为一路上会很颠簸，没想到旅途会这么顺利。"来到借宿的村民家中，瑞贝卡发现屋子里有空调、电视机和抽水马桶，又试探着问了一下 WiFi 密码，竟然也有。女主人告诉肖恩，她家曾是全村最困难的贫困户之一，两年前依靠当地银行的几笔小额贷款，又向亲戚朋友借了些钱，把自己的房屋重新装修，挂起了民宿的招牌，大厅还代卖各种山货土特产。如今欠款已经还清，生活美了起来。

在清华大学读硕士研究生的津巴布韦留学生乌俊杰，从北京出发，高铁直通金寨县，再转个巴士，来到了大湾村小学。六年级的孩子告诉他，将来想去清华、北大，或者海外上学，有的说长大想当医生或女企业家。乌俊杰感慨地说："贫困的本质是选择权受到限制"，"当孩子们 5 年前还盼望着去一趟省会城市，如今却梦想着出国看世界，这很能说明是真正脱贫了。"

同样从北京来的马来西亚籍的媒体人植国民，则到了大湾村的卫生室。工作人员告诉他，这里的贫困户医药费可报销90%

2020 年 9 月，大湾村入选"中国美丽休闲乡村"。图为蜿蜒的大湾村旅游公路　　张强 / 摄

以上，同时，任何人感染上了新冠肺炎，医药费都是全免的。让植国民印象深刻的是，一个从外地打工回来的"80后"年轻人，他带着村里很多老人一起养蜂致富，还得到中国航天科工集团支持，建成了智慧蜂场，生产的百花蜂蜜刚刚获得一项业内大赛的金奖。

这便是全面小康社会中老百姓应有的获得感和幸福感。全面建成小康社会，是中国现代化进程中一座耀眼的里程碑。

大踏步赶上时代的模样

有这样一个赶上时代，改变命运的故事。

湖北有个巴东县，巴东有个神农溪。在神农溪，宋文刚和他的伙伴们被称为长江三峡地区最后的裸体纤夫。他们长年累月靠着一根纤细的缆绳，拼尽全力拉起生活的全部希冀。

1995 年，正在拉纤的宋文刚和伙伴们，接待了来中国旅行的美国"股神"巴菲特和计算机天才比尔·盖茨等人。巴菲特曾在 2009 年出版的自传中写道："在那些纤夫当中将会有另外一位比尔·盖茨，但是因为他们出生在这里，他们命中注定要一辈子牵着船过日子。他们没有像我们一样的机遇。"

这一次，巴菲特猜错了。2010 年，他和比尔·盖茨再次来到中国。当年裸体拉纤卖力气的宋文刚等人，靠着旅游生意，已经盖起了小楼。

包括宋文刚居住的村庄在内的巴东县 125 个村，如今已在全国农村率先建成了"农民办事不出村"的电子信息系统，将现代信息网络技术运用到政府政务管理，通过"互联网+"来促进农村生产和消费。

高铁、轮船、高速公路从家门前经过，亚洲第一高架大桥隔江相望。已经71岁的宋文刚，是一名网红电商，主要销售自制的草鞋和原始小木船。他的产品，头天卖出，第二天就可以到达上海。

18世纪中后期开始的以蒸汽机为代表的第一次工业革命，产生了英国、法国这样的世界强国。19世纪中后期开始的以电气化为代表的第二次工业革命，造就了德国、美国以及日本这样的世界强国。奥匈帝国以及中国的大清王朝，还有曾在大航海时代领跑的西班牙、葡萄牙，都因为没有赶上这两次工业革命而掉队。中国赶上了20世纪下半叶开始的、以互联网为代表的第三次工业革命。从落后于时代，跑进了时代发展的潮流中，实现了从追赶时代到融入时代进而影响时代的历史性进步。

中国已经是典型的工业化国家，是世界上唯一一个拥有联合国产业分类中全部工业门类的国家。1949年，中国年产40万吨粗钢和生铁，还不够2008年北京举办奥运会盖的"鸟巢"使用的钢铁；1958年，全民动员要生产1070万吨钢铁，但目标仍然没有达到，如今的中国，一年就能轻轻松松地生产11亿吨钢铁。

中国的现代化，如今身处何地？标准说法是：中国现在是工业化和信息化相互促进的国家。

1995年，北京、上海开始提供国际互联网接入业务。从此，互联网成为推动中国改革开放和现代化进程至关重要的工具与平台。

那年，北京中关村电子一条街立起一个巨大广告牌："中国人离信息高速公路还有多远——向北 1500 米。"它被很多路人当作路标，实际上通向的是一个叫瀛海威的小公司，这是中国第一个互联网接入服务的公司。

率先拥抱互联网的，是那些年轻人，他们一心要赶上互联网革命的"头班车"。中国很多著名的互联网公司，如新浪、搜狐、网易、腾讯、携程、京东等，全部诞生在 1996 年到 1999 年之间。那个时候，正是互联网走出美国硅谷，开始商业化应用进而带动经济全球化的时期。

20 多年来，中国成为被互联网改变得最为充分的国家。全球 20 大互联网企业，中国占了 7 家。中国的互联网企业，创造了许多崭新的生产、流通和消费模式，创造了许多崭新的商业模式。

2009 年，中国人在互联网领域凭空创造了一个狂欢购物节。每年 11 月 11 日，由电商平台举办网络促销活动，其强度和规模让美国的"黑色星期五"和"网络星期一"的销售活动相形见绌。

2020 年的"双十一"，两个主要电商平台的营业额加起来有多少？ 7697 亿元人民币，也就是说，一天之内，人们就在互联网平台上消费了1000多亿美元。神奇的是，在交易中形成的30多亿份订单，包括世界各大知名品牌在内约200万种商品，整个供应链和物流环节的管理，都是在互联网上通过数字技术实现的。

在2016年前后，在中国的互联网平台上，又冒出直播电商的经营模式。出现在人们手机屏幕上的，是一位模样标致、能说会道、富有魅力的姑娘或小伙，人们称之为"网红"。他们背后，有编导、助播、供应链、售后服务、流量运营等工作人员的支持，实际上形成了一个完整的产业链。如果产品对路，大牌的"网

"鸟巢"整个工程包括混凝土中的钢材、螺纹钢等，全部为国产钢。图为"鸟巢"外观   摄心/摄

随着互联网的发展,我国数字经济总量规模和增长速度已位居世界前列。图为在浙江省嘉兴市桐乡市乌镇举行的 2020 年世界互联网大会——"互联网之光"博览会　翟伟凯 / 摄

红",一个小时就能卖货上亿元。2017 年,直播电商全国交易额为 300 多亿元,2019 年为 4000 多亿元,2020 年则可能突破 1 万亿元。

这或许就是中国人大踏步赶上时代的模样吧。

第 八 章

"精神谱系"

强大感召力

★ ★ ★

中国共产党一路走来，经历了闹革命、干建设、搞改革 3 个历史时期。每个时期都有坎坷和曲折，却干成那么多大事，将来还要干更多的事。在今天，它的党员人数已达到 9100 多万，相当于整个德国的人口。这就引出一个问题：它是怎样干事的？靠什么来说服人们和自己一起去干各种各样的大事？回答这个问题，比较好的角度，是来看看它身上的精神气质。

大事业，大奋斗，总会呼唤并滋养着相应的大精神。中国共产党区别于其他政党的一个显著标志，就是在它甫一出世，便开始铸造不同于其他政党的精神气质。在一个世纪的奋斗历程中，培育形成了一系列彰显党的性质、宗旨和品格，体现人民和时代要求，凝聚各方力量的"精神谱系"。

革命时期的"愚公精神"

中国共产党重视思想理论建党，也重视精神道德建党。它一路走来创造的精神很丰富，其中讲得最多的是为人民服务。所谓为人民服务，就是做事情的目的，是为了人民大众的利益，而不是为了自己的利益，自己要走在前面带头为大家的事情奋斗奉献。人民大众看你还不错，真是为他们着想，于是，就愿意和你一起去干事，这样，跟着你干事的人就越来越多，许多大事就干成了。

1945年，中国共产党在延安召开第七次全国代表大会，毛泽东在会上充满感情地说：中国共产党成立以来，"尝尽了艰难困苦"，"从古以来，中国没有一个集团，像共产党一样，不惜牺牲一切，牺牲多少人，干这样的大事"。

在会上，毛泽东还讲了一个中国古代寓言故事——愚公移山：古代有一位老人，住在华北，名叫北山愚公。他的家门南面有两座大山挡住他家的出路，一座叫做太行山，一座叫做王屋山。愚公下决心率领他的儿子们要用锄头挖去这两座大山。有个名叫智叟的老头子看了发笑，说你们这样干未免太愚蠢了，你们父子数人要挖掉这样两座大山是完全不可能的。愚公回答说：我死了以后有我的儿子，儿子死了，又有孙子，子子孙孙是没有穷尽的。这两座山虽然很高，却是不会再增高了，挖一点就会少一点，为什么挖不平呢？于是，愚公不受智叟思想的影响，毫不动摇，每天挖山不止。这件事感动了天帝，他就派了两个神仙下凡，把两座山背走了。

在中国共产党看来，它的队伍应该是由这样的"愚公"们组成的。那么，最终帮助愚公把山背走的这个"天帝"又是谁呢？毛泽东说，是人民大众。也就是说，愚公挖山不止的壮举，感动了人民大众，使他们甘心情愿和中国共产党人一起奋斗。人多力量大，有什么困难不能克服，有什么事情不能办成功呢？这就是中国共产党一路走来的历史本质。

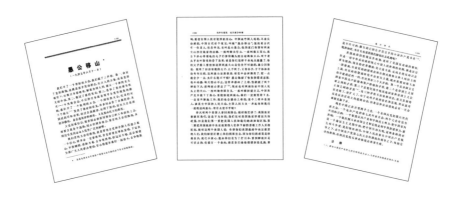

收录在《毛泽东选集》第三卷中的《愚公移山》一文

干革命，本质上就是一场"愚公移山"的事业。从精神道德上说，感动"上帝"的，是中国共产党人身上散发的人格气质，具有特别的感染力。

革命是为了民族独立和人民解放。中国共产党的人格力量，重点体现在不畏艰险、坚守信念、追求真理、勇往直前，在特殊的环境中，哪怕牺牲自己的生命，也在所不惜。

在南京有一个叫雨花台的地方，是一个美丽的山岗。在1927年以后的一段历史里，这里是中国共产党人和爱国志士最集中的殉难地。其中，留下姓名的便有2401位。我们来看一位雨花台烈士的事迹：

一个叫史砚芬的共产党员，1928年9月27日被枪杀在雨花台，时年25岁。亲人们冒险前来收敛遗体时，在他的口袋里发现了一封给弟弟妹妹的遗书。遗书里面说："我的死，是为着社会、国家和人类，是光荣的，是必要的。我死后，有我千万同志，他们能踏着我的血迹奋斗前进。我们的革命事业，必底于成。故我虽死犹存……以后你们能继我志愿，乃我门第之光，我必含笑九泉，看你成功。不能继我志愿，则万不能与国民党的腐败分子同流。"

其实，国民党在审讯共产党员的时候，一个要求是只要你声明脱离共产党，就放你走，但很少有人作出这样的选择。在雨花台牺牲的人，有两个鲜明特点：一是家境出身大多不错，也就是说，他们不是为生活所迫投身革命的，而是真正为追求远大理想信念来奋斗牺牲的。就像"愚公"一样，是为了挖掉那两座山。二是不少人具有比较高的文化知识水平，大学毕业生不少，甚至还有留学美国的博士，这就使他们对为之奋斗牺牲的理想信念，有比较高的思想自觉，因而他们对理想信念的忠诚，是发自内心的，具有对真理认识和把握的高度。

南京雨花台烈士陵园内的烈士纪念碑 　　　　　　　　　　洪波／摄

这样一些特点，使雨花台英烈常常结合自己为之奋斗的事业来思考怎样做人、怎样做事、道德自觉非常明显，因而有很强的人格力量。比如，在那里牺牲的中国共产党早期著名领导人、担任中央委员的恽代英，就常常说："好人是有操守的，好人是有作为的，好人是要能够为社会谋福利的。"还有中共中央政治局委员罗登贤，他的名言是："什么也不能动摇我，我将我的生命给我们的党与人民大众。"这样的人格追求，毫无疑问会在全社会激发起善良的道德意愿和道德情感，形成"向上""向善"的价值观和人格力量。

建设年代的创业风采

革命年代要挖掉的三座大山，是帝国主义、封建主义和官僚资本主义，在建设时期要挖掉的，是贫穷落后这座大山。为了挖这座山，"愚公"们的人格气魄，主要体现在自力更生、奋发图强、艰苦创业、无私奉献。

建设时期的创业者，首先应该是一支清正廉洁、艰苦朴素、勤俭奋斗的执政队伍。不仅自己不能"当官作老爷"，还要杜绝"一人得道，鸡犬升天"的旧社会习气。为此，新中国领导人带头示范。他们普遍要求子女亲属不要搞特殊化，鼓励子女亲属脚踏实地，不图虚荣，自立自强。

毛泽东时常收到家乡亲友的来信来访，他往往从工资和稿费里支一些钱接济他们的生活，但对于安排工作、上学、当官这样一些要求，一概婉言回绝。1949 年新中国刚刚成立，毛泽东的妻子杨开慧烈士的哥哥杨开智，计划到北京见毛泽东，希望解决自己的工作问题。毛泽东写信劝阻："不要有任何奢望，不要来京"，"一切按正常规矩办理，不要使政府为难"。毛泽东还有一个亲属，也是一位烈士的父亲，想在湖南谋求当一名厅长，毛泽东让儿子毛岸英回信说：毛泽东对近亲有一种与血缘、家庭有关的深厚感情，但仗势发财的时代一去不复返了。即使骂我"不孝"，我也不能做违背原则的事情。毛泽东的近亲毛泽连要带母亲到北京来治病，毛泽东回信让他们就在湖南长沙治，并说："现在人民政府决定精简节约，强调反对浪费，故不要来京，也不要在长沙住得太久。"随信寄去一些钱，资助毛泽连的母亲在长沙治病。

新中国成立之初，周恩来曾专门召集家庭会议，给亲属们定下"十条家规"：晚辈不准丢下工作专程来看望他，只能在出差顺路时去看看；来者一律住国务院招待所；一律到食堂排队买饭菜，有工作的自己买饭菜票，没工作的由总理代付伙食费；看戏以家属身份买票入场，不得用招待券；不许请客送礼；不许动用公家的汽车；凡个人生活上能做的事，不要别人代办；生活要艰苦朴素；在任何场合都不要说出与总理的关系，

《毛泽东书信选集》中收录的毛泽东致杨开智和给毛泽连、毛远悌的信

不要炫耀自己；不谋私利，不搞特殊化。其中这条"在任何场合都不要说出与总理的关系"，是为了防止亲属借他之名为己谋利。

刘少奇不允许家里人用公家的车，特意找了辆三轮车送女儿上小学，大点儿就自己骑自行车。在学校填家庭情况表的时候，"父亲"栏填的是刘少奇用过的化名"刘卫黄"。朱德的儿子朱琦，抗日战争初期便参加革命，在战争中负了伤。从部队转业时已经是团级干部，但朱德只让他到铁路机务段当了一名火车司机。

领导人的新家风，和新的社会风气融为一体，体现了那时倡导和践行的新型价值观。新的社会风尚一旦树立起来，建设者们便有了特殊的人格感染力量。

有一位劳动模范叫时传祥，是北京走街串巷的掏粪工人。他拥有"一人脏换来万家净"的职业道德观，因此，他把清理粪便、整修厕所当成十分光荣、很有尊严的事情来做，赢得居民们的尊敬和称赞。

在资本和技术匮乏的条件下，要挖掉贫穷落后这座山，推进工业化进程，只有两条路，或者大量依赖外援，或者发挥劳动力资源充裕这个优势，自力更生、艰苦奋斗。当时的中国，只能更多地选择后者。

创业者生产条件之简陋、生活条件之艰苦，今天的人们难以想象。在建设大庆油田的时候，钻机和井架运来了，一个叫王进喜的钻井工人和工友们只能用肩扛手抬的原始办法，把这些几吨、十几吨的设备运到工地。没有房子，他们就住在冰冷潮湿的地窖子里。1960 年，王进喜带领他的"1205"钻井队共打井 19 口，

在大庆会战初期，"铁人"王进喜为了保住钻机，不顾左腿重伤跳进泥浆池，用身体搅拌泥浆，奋战3个多小时制服井喷

完成进尺 21258 米，创造了世界石油钻井史上的奇迹。在一次打井发生井喷的危急时刻，王进喜不顾腿伤，带头跳进泥浆池，用自己的身体来搅拌泥浆，最终止住了井喷，被称为"铁人"。

在农业战线上，大寨人奋起苦干是其中的代表。位于中国北部太行山腹地的山西省昔阳县大寨大队，是个贫穷的小山村，自然环境恶劣，粮食亩产量不到 200 斤。1953 年，农业合作化后，社员们在贾进才、陈永贵等人带领下，开山凿坡，修造梯田，引水浇地，改变了靠天吃饭的状况，粮食产量大幅提升，社员生活明显改善。他们曾在寻找石材的过程中，10 天内砸碎了两把大锤，3 根一米多长的钢钎磨得只剩下一尺左右，10 多个七八寸长的铁楔子被打得只剩三四寸。

还有一类获得赞誉的劳动模范，勤于动脑，善于进行种种提高工作质量和效率的技术革新。如年轻的纺织女工郝建秀，摸索出能够大幅提高纺纱效率和质量的"郝建秀工作法"，在全国推广后，整个纺织企业的产量大幅提高。鞍钢的青年技工王崇伦，大胆探索、反复试验，制造出一种"万能工具胎"，使加工工具的效率比原来提高了六七倍，他因此被誉为"走在时间前面的人"。

特别让人感慨的是，一批科学家为了研制中国的原子弹和导弹，隐姓埋名，远赴中国西北的沙漠戈壁地带，一干就是十几年，甚至为此付出了生命。核武器研究所副所长郭永怀，1968 年 12 月带着中国第一颗热核导弹试验数据从西北飞回北京，飞机失事，不幸遇难。人们在现场发现了两具烧焦的尸体，紧紧地抱在一起，好不容易将两具尸体分开后，人们发现一个皮包紧贴在两人的胸部，里面装的资料安然无恙。在生命的最后一瞬，郭永怀和警卫员牟方东，用血肉之躯保住了珍贵的热核导弹试验数据。他们牺牲后的第 22 天，中国第一颗热核导弹试验获得成功。

改革路上的开拓担当

改革开放年代的先锋们，除了传承革命和建设时期的优良传统，还拥有开拓创新、锐意进取、勇于担当、求真务实这样一些新的精神品格。

开拓进取、务实担当，是共产党人的政治本色。"老祖宗"马克思就提出："一步实际运动比一打纲领更重要。"毛泽东的名言是："一万年太久，只争朝夕。"邓小平在改革开放过程中经常写下这样的批示："抓住机遇""不宜拖延""不要拖延""不能拖延"。习近平同志说过："看一个领导干部，很重要的是看有没有责任感，有没有担当精神。"

改革开放是一项前所未有的创举。它可以有总的发展方向和趋势，但任何人都不可能预设出一成不变和万事俱备的政策思路。1992 年 1 月 18 日至 2 月 21 日，邓小平先后到武昌、深圳、珠海、上海等地视察，并发表了一系列重要谈话，通称南方谈话。这一系列谈话针对人们思想中普遍存在的疑虑，重申了深化改革、加速发展的必要性和重要性。邓小平说："办什么事情都有百分之百的把握，万无一失，谁敢说这样的话？一开始就自以为是，认为百分之百正确，没那么回事。"因此，改革开放的前进方式，就是大胆地试。

改革开放前，国家把农民的土地高度集中起来，农民的生产和生活都被人民公社以及下属的生产队统一管理，每天吹哨或者敲钟下地干活，年终按每家挣得的工分多少来分配粮食。农民没有任何自主权。渐渐地，他们对生产经营失去了责任心和创造热情，日子也不好过。

农村基层干部想办法了。包产到组或包产到户的做法随后兴起。1978 年冬天，安徽省凤阳县小岗村生产队还创造了大包干的做法，就是把土地彻底包给每家农户自己去种，打下粮食，先交国家的，后交集体的，剩下都是自己的。这样一来，群众就起早贪黑地干，过去生产队吹破哨子、敲破钟也没有人上工的现象就不再有了。

在当时，这种做法与国家的法令不相容，农民们只有舍命共担，才敢一试。小岗生产队的改革是秘密进行的，为防止以后领头干的生产队干部出现意外，他们还约定，万一出了事情，大伙就把领头人的子女抚养到 18 岁，并且在一份秘密契约上按下了各自的手印。这个秘密的做法还是传了出去，引起争论，甚至受到批评。直到将近两年后，才在中央文件里第一次得到认可。可见，农村改革的经验，是由一群务实担当的人们创造的。

创办经济特区也是这样。中央 1979 年同意广东先行先试后，立刻遇到一个问题：钱从哪里来？深圳市领导只好向中央要钱，结果只给了 3000 万元，这对需要移山填湖的一座城市建设来说，实在是杯水车薪。深圳市干部的眼光不得不瞄准了大片荒凉的土地，决定出租土地。所谓出租，就是让外来投资的资本家有偿使用国家土地，为深圳的前期开发筹措资金。但这个做法很容易让

小岗村大包干纪念馆"红手印"雕塑 　　　　　　　　　　　王家国 / 摄

1984年4月，建设中的深圳蛇口工业区和他们当时惊世骇俗的口号：时间就是金钱，效率就是生命

袁苓 / 供图

人想起旧中国那些被帝国列强们租占的租界，由此引来一片争议之声。但深圳坚持了下来，同时还创造了"时间就是金钱，效率就是生命"等刺激人们思想观念的新提法。直到1984年1月，邓小平到实地考察，写下"深圳的发展和经验证明，我们建立经济特区的政策是正确的"这个题词，关于经济特区的争论才停歇下来。

要开拓进取、务实担当，就要不怕犯错误。邓小平很理解这一点，就告诉人们，"都是新事物，所以要摸索前进。既然是新事物，难免要犯错误"。所谓错误，有不同性质，有的是前进中探索的错误，有的是违背历史规律和潮流的错误。为推进改革开放而犯的错误，属于前一种。如果不想前进，不敢探索，许多失误和不足就不会发生，但那样一来，改革开放就停止了。这是中国改革开放能够走到今天的重要经验。

开拓进取、务实担当，在改革开放中事实上成为全社会的精神面貌，激发起全社会的创造活力。1995年，一个叫马化腾的人投资5万元，购置了4条电话线、8台电脑，创建了惠多网深圳站，也就是今天的"腾讯"。

当今中国的改革背景，又发生了明显变化。中国用几十年的时间，走过了西方发达国家几百年的工业化过程，不断出现的新问题和新矛盾都被压缩在相对狭窄的时空里面，中国不再拥有西方国家在现代化过程中从容处理社会需求和社会矛盾的时空。

改革发展的复杂性已非往日可比。好改的，让大家高兴地改革，已经做了，剩下的都是难啃的"硬骨头"；普惠式改革人们可以容忍出错，甚至忍受阵痛，啃"硬骨头"的改革就不能指望这类运气了；人们对改革发展的诉求和预期日渐多样，期望值越来越高，影响社会稳定的矛盾日渐增多；利益格局的多样化和分化趋势明显，甚至出现"利益固化"现象；凝聚改革共识，统筹兼顾各方利益，比过去更难了。

在这些背景下，要全面深化和推进改革，更需要开拓进取、务实担当的精神。何谓担当？就是面对矛盾敢于迎难而上，面对危机敢于挺身而出，面对失误敢于承担责任；就是敢办大事，善办难事，能办小事，多办好事。今天的中国，正是这样鼓励改革者们前行的。

深圳继续发扬"拓荒牛精神",加快建设中国特色社会主义先行示范区

开拓进取、务实担当,实际上就是一种干事业的劲头儿。中国取得今天的发展成就,靠的就是这种劲头儿。

2014年12月3日,美国《华盛顿日报》网站报道,奥巴马在同美国企业领袖的谈话中,称赞中国"充满干劲","这给所有人留下了深刻印象",还感慨:"我要说的是,如果他们想建什么东西,就真的能够建起来。随着时间的推移,这会侵蚀我们的竞争优势。"

纪律和规矩不可或缺

中国共产党一路走来,还靠制度建党、靠规矩管党。没有规矩,或定了规矩而不严守,是很难做成大事的。

规矩就是纪律,中国共产党目前对其成员制定的纪律,包括政治纪律、组织纪律、廉洁纪律、群众纪律、工作纪律、生活纪律6个方面。

怎样管理好自己，怎样定规矩、守规矩，中国共产党有一个认识过程。成立中国共产党时，有人主张建立中央集权制的马克思主义政党，有人主张建立一个研究宣传马克思主义的党，党的中央应该是一个联络的机关。谁也没有说服谁，结果中共一大在组织制度上并没有形成决议。

1922年召开中共二大时，仍然有人主张党内组织形式仿照联邦制，即使设立中央委员会，仅需一人即可。但这次大会通过的党章，还是专列"纪律"一章，计9条。其中规定，各地党的组织"不得自定政策"，凡关系全国之重大政治问题，各地党组织不得违背中央立场"单独发表意见"。立下这些规矩，就使中国共产党和那些只在口头或书案上讲讲马克思主义的松散学术团体之间划出了一道界限。在当时，确实有些人，包括曾积极宣传马克思主义甚至参加筹备建党的一些社会名人，受不了这些规矩，先后脱党。

大革命失败后，中国共产党陷入生死存亡之境。叛变者有之，不听招呼者有之，消极动摇者有之，在党内另立派别者也有之。在这种情况下，如何强化纪律，维护党的团结，强化战斗力，至关重要。在创建井冈山革命根据地的过程中，毛泽东主持了一场入党仪式，在他确定的24个字的入党誓词中，便有"服从纪律"这4个字。这份入党誓词后来历经各个历史时期，虽几经调整和修改，但"服从纪律"保留至今，最新的入党誓词表述是"严守党的纪律"。

　　井冈山时期，还创设了人民军队的基本纪律，后来发展为"三大纪律八项注意"，提出要"一切行动听指挥，不拿群众一针一线，一切缴获要归公"。正是靠了这样的规矩，中国共产党在绝境中，搞起了红红火火的局面。哪怕是后来由于"左"倾教条主义的错误，再次陷入绝境，也依然靠着这些规矩所形成的凝聚力和战斗力，走过了千难万险的长征之路。

　　延安整风运动是中国共产党历史上第一次大规模的整风运动，从 1941 年 5 月开始，到 1945 年 4 月结束。延安整风运动在中国共产党历史上具有重大的历史意义，通过延安整风，使全党确立了一条实事求是的辩证唯物主义的思想路线，使干部在思想上大大提高了一步，使党达到了空前的团结。

　　延安整风的时候，毛泽东在 1941 年 9 月中央政治局扩大会议上，提出了一个著名的论断："路线是'王道'，纪律是'霸道'，

彭彬、何孔德、高虹创作的油画《步调一致才能得胜利》描绘了 1928 年毛泽东在桂东沙田颁布"三大纪律六项注意"（后发展为三大纪律八项注意）的历史情景　　俄国庆／供图

这两者都不可少。"意思是：党的建设既要靠正确的路线方针来指导，也要靠铁的纪律来约束。为什么讲这个话？因为当时党内存在"闹独立性，不服从决议，没有纪律的现象，必须整顿"。视纪律为"霸道"，是强调其刚性约束，党员干部必须有敬畏之心，不敬畏，就不会去认真遵守，就会影响党的路线方针政策的贯彻执行。毛泽东还说：孙悟空头上套的箍是金的，共产党的纪律是铁的，比孙悟空的金箍还厉害，还硬。

西柏坡是中国共产党在农村的最后一个指挥所，更是立规矩的地方。1948年，解放战争开始打得比较顺利时，党内无纪律倾向有所抬头，作决策不请示报告的情况屡有发生。毛泽东对此高度警觉，要求全党"懂得必须消灭现在我们工作中的某些严重的无纪律状态或无政府状态"。1948年9月，中央政治局专门召开扩大会议，主要议题就是"军队向前进，生产长一寸，加强纪律性，革命无不胜"。会议强调要建立请示报告制度，党的下级的重要决议，必须呈报党的上级组织批准以后方准执行；各级党的领导机关，必须将不同意见的争论，及时地、真实地向上级报告，其中重要的争论必须报告中央。

1949年3月，要进北京执政的时候，身处河北平山县西柏坡村的中国共产党，既兴奋，又忧虑。要从农村到城市里去了，历史任务也将从革命转向建设，从打碎一个旧世界转向建设一个新世界，中国共产党人将经受更加严格的考验，党员队伍能够适应这个转变吗？会不会一进大城市就蜕化变质呢？为此，毛泽东提出，"务必使同志们继续地保持谦虚、谨慎、不骄、不躁的作

革命圣地——西柏坡　　　　　　　　　　　　　　　　　　　谭伟/供图

风，务必使同志们继续地保持艰苦奋斗的作风”。后来，人们把这个要求概括为“两个务必”。在西柏坡召开的中共七届二中全会，还确定了成为执政党后必须遵循的“六条规定”，内容包括：不作寿，不送礼，少敬酒，少拍掌，不以人名作地名，不要把中国同志和马、恩、列、斯平列。

进城以后，对那些违反“两个务必”的人，坚决地作了处理。有两个从小参加革命，出生入死立下不小功劳的党内高级干部，叫刘青山、张子善，曾在敌人的监狱中，面对严刑逼供坚贞不屈，很有“愚公”的人格气概。不承想，他们担任大城市天津地区的一、二把手以后，迅速腐化堕落。毛泽东亲自过问此案，并批准了死刑判决。有人念刘、张二人过去的功劳来说情，他痛心地说：正因为他们两人的地位高，功劳大，影响大，所以才要下决心处决他们。只有处决他们，才可能挽救 20 个、200 个、2000 个、20000 个犯有各种不同程度错误的干部。这件事在全社会引起很大震动。

中国共产党的历史也曾告诉人们一些反面教训。"文化大革命"时期，团团伙伙、结派营私现象大量出现，不少地方和部门大闹派性，各行其是，成为党内政治生活的乱源。为此，在改革开放之初，为了讲规矩、守规矩，做了两件大事：一是恢复设立中央纪律检查委员会，二是制定《关于党内政治生活的若干准则》。邓小平更是反复强调，在改革开放中要团结和组织起来，"一靠理想，二靠纪律"。

庆祝中华人民共和国成立 70 周年大会群众游行中的"从严治党"方阵

今天的中国共产党，讲规矩就更严格了。在改革开放中逐步形成的，被认为是法不责众、司空见惯的一些寻常事，今天都不能做了。我们不妨以一起严肃处理"大吃大喝"的案例来看看这一点：

2013年，四川省凉山州一名领导干部带领15个人的工作组下乡，开了10台越野车，加上县里陪同的车辆，在崎岖的山路上，形成绵延一二里路的车队。晚上本来安排的是工作餐，却因为前来看望的同乡同学和亲友越来越多，变成了60人参加的大宴席，花了15000多元。中共四川省纪委对这起大吃大喝案件进行了严肃处理。

凉山州还制定了"十条规定"，其中一条很特别，就3个字："不杀牛"。原来，当地老百姓有一个风俗，婚丧嫁娶、招待尊贵客人都要杀牛。这个风俗后来有些变味儿，书记下乡要杀牛，县长下乡也要杀牛，成为公务接待的"标配"。"新规定"一出，无论大事小事都要杀牛宰羊显排场的风气基本上不见了。

与此同时，对违规者的处理力度达到空前的程度。从2012年到2017年的5年间，立案审查的省部级和部队军级以上领导干部，包括其他中央管理的干部，达到440人，其中中央委员、中央候补委员43人。立案审查的厅局级领导干部8900多人，县处级干部6.3万人，处分村党支部书记和村主任5.8万人。

讲规矩，事实上也是一种精神气质和人格力量的建设。中国传统文化追求圣贤理想，君子人格，修身齐家，最后才能治国平天下。中国共产党讲规矩，主要是让他的成员，一是要严于修身，提升道德境界，追求高尚情操，自觉远离低级趣味；二是要严以用权，坚持按规则、按制度行使权力，不搞特权、不以权谋私；三是要严以律己，就是要心存敬畏、手握戒尺、慎独慎微、勤于自省，为政清廉。

有这样一个"精神谱系"

回顾历史，习近平同志指出，毛泽东创造性地解决了在中国这种特殊的社会历史条件下建设马克思主义政党的一系列重大问题，从而把党建设成为"用科学理论和革命精神武装起来的"政党。把科学理论武装和革命精神武装并列在一起使用，突出了精神武装在党建中的特殊作用，说明中国共产党不但重视思想（理论）建党，也重视精神（道德）建党。

中国共产党的精神当然不是一开始就固定成型的，它的创造和实践，经由不同的途径方式，是一个既一脉相承又与时俱进的历史过程。具体说来，经由以下途径和方式。

中国共产党成立时体现出来的"红船精神"，是其后来一系列精神创造的起始点。"红船精神"的内涵是"开天辟地、敢为人先的首创精神，坚定理想、百折不挠的奋斗精神，立党为公、忠诚为民的奉献精神"。首创、奋斗、为民，在相当程度上揭示了为什么出发的初心和怎样肩负起使命开拓前行。这种初心和使命，成为中国共产党精神建设的逻辑和历史起点。

把党的精神和党员个体精神联系起来建设。毛泽东说过一句名言，"人是要有一点精神的"，但人们往往忽略这句话的下半句，

浙江嘉兴南湖红船　　　　　　　　　　　　　　王绍云／供图

“无产阶级的革命精神就是由这里头出来的”。这表明只有铸造好党员个体精神世界，才可能形成整个党的整体精神世界及其外化的优良作风。中国共产党的精神建设立足于党员个体的实践，体现为党员个体精神的影响和昭示、总结和推广。比如，毛泽东便以他的精神风范，影响和带动了党内良好作风的形成，包括他在任何困难面前绝不低头，不怕鬼、不信邪，敢于斗争、敢于胜利的鲜明个性，从人民群众利益角度考虑问题的坚定立场，善于向群众学习、向实践学习、向书本学习的领导方法，等等。

贴近实践和时代需要来培育和塑造党的精神。中国共产党常常是立足于历史任务的转变和现实的需求，来倡导相应的精神建设的。

以科学的思想理论来引领和强化党的精神。毛泽东思想和中国特色社会主义理论体系，是中国共产党精神的理论支撑。这当中，直接而深入地阐述党的精神建设的经典文献不在少数。毛泽东的《为人民服务》《纪念白求恩》《愚公移山》、刘少奇的《论共产党员的修养》等，早已成为中国共产党人的"道德经"。

中国共产党人一路走来创造的精神，可以从两个方面来认识和概括。

从理论上来认识和概括。人们经常谈的有对马克思主义、社会主义、共产主义的坚定信仰；实事求是，独立自主，自力更生；理论联系实际，密切联系群众，批评与自我批评；为人民服务，一切为了群众，一切依靠群众；大公无私、遵守纪律、奋斗奉献、开拓创新；等等。

从历史和实践的角度来认识和概括。中国共产党在领导人民探索、形成和发展中国道路过程中积累的精神，是由一个个鲜明具体的历史和实践"坐标"组成的，进而形成了一个可以长久涵养后人的"精神谱系"。这个精神谱系炫目多彩，前后相接，多以地点、事件或代表人物命名，已经或正在命名的就有近40种。

在革命时期，有红船精神、井冈山精神、苏区精神、长征精神、延安精神、抗战精神、大别山精神、沂蒙精神、红岩精神、西柏坡精神，等等；

在建设时期，有抗美援朝精神、建设川藏青藏公路的两路精神、老西藏精神、建设边疆的胡杨精神和兵团精神、西安交大的西迁精神、好八连精神、大庆精神、铁人精神、红旗渠精神、雷锋精神、焦裕禄精神、"两弹一星"精神，等等；

在改革时期，有女排精神、经济特区拓荒牛精神、新时期创业精神、孔繁森精神、抗洪精神、抗击非典精神、抗震救灾精神、北京奥运精神、载人航天精神、劳模精神、科学家精神、企业家精神、伟大抗疫精神、中国精神、脱贫攻坚精神，等等。

其中，有的精神坐标实际上包含许多具体的"子精神"。如延安精神，事实上就包括抗大精神、整风精神、张思德精神、白求恩精神、南泥湾精神。

这个"精神谱系"，犹如鲜活生动的历史链条，把中国共产党创造的一系列精神，把探索、形成和发展中国道路的一系列精神，串联起来、展示出来。它是中国共产党领导人民在实践中集体奋斗和创造的产物，是在不同历史时期波澜壮阔的行程中积累和发展起来的。列入这个"精神谱系"的每个具体精神，犹如精

2020年3月10日，武汉所有方舱医院全部休舱，医护人员在武昌方舱医院前庆祝

神链条中的每个环节、精神长河中的每个坐标，它们的价值和作用跨越时空，相互之间有共性，也有个性。

阅读中国共产党的"精神谱系"，很容易感受到中国共产党人前仆后继的崇高人格境界和道德力量，领悟到中国共产党一路走来拥有强大凝聚力、感召力和影响力的奥秘。

第 九 章

「中国道路」

领导人民改变命运

★ ★ ★

怎样推进现代化，发展中国家的政党都有自己的想法和做法。所有的想法和做法，实际上都可以归结到一点，就是选择和实践什么样的国家发展道路。现代化的未来，只有通过行之有效的道路才能够把握得到；世界上任何国家的发展面貌都有轨迹可循，是由道路决定的。

在一个世纪的行程中，中国共产党探索开创、坚持发展了一条很重要的道路，它的名字叫"中国特色社会主义"（简称"中国道路"）。这是中国共产党成立以来干的最大、最重要的一件事，取得的一个根本成就。那么，中国道路是什么，它从哪里来，又是怎样不断发展的？

中国道路的内涵

细心的读者不难发现，从邓小平 1982 年提出"走自己的道路，建设有中国特色的社会主义"这个命题后，中国共产党召开了 7 次全国党代会，每次党代会报告的标题，都写有"中国特色社会主义"这几个字。

其中有两句根本结论：一句是，"道路关乎党的命脉，关乎国家前途、民族命运、人民幸福"；另一句是，"中国特色社会主义是改革开放以来党的全部理论和实践的主题"。

社会主义在各国的实践和理论，可谓千差万别。苏联、东欧的社会主义，在世界上曾是很有影响力的模式。目前，越南、朝鲜、老挝、古巴这样一些社会主义国家，其道路也各有不同。世界上约有130个政党保持着"共产党"的名称或主张以马克思主义为指导，党员人数过万的有30多个。在欧洲政坛，至今还有社会民主主义（也称民主社会主义）思潮。第二次世界大战后，在90多个民族独立国家中，约有半数先后宣布实行社会主义或以社会主义为目标，由此出现各种民族社会主义道路。在非洲，相继出现"阿拉伯社会主义""马克思科学社会主义""村社社会

党的十三大会场上"沿着有中国特色的社会主义道路前进"的标语　　　　　郑瑞德 / 摄

主义""民主社会主义";在拉丁美洲,至今还有"21世纪社会主义""印第安社会主义"。

大概不会有人把中国道路和上述那些各种各样的社会主义混为一谈。中国搞社会主义,确实曾经照搬过马列主义的本本,也模仿过别国的实践,但因为吃了苦头,才走出同其他国家的社会主义有鲜明区别的道路。中国道路既坚持了科学社会主义基本原则,又根据时代条件赋予其鲜明的中国特色。

关于世界社会主义运动,有4次重大演变:第一次是马克思主义的诞生,使社会主义实现了从空想到科学的飞跃;第二次是苏联十月革命的成功,使社会主义实现了从社会思潮和理论到全面实践的飞跃;第三次是第二次世界大战结束后,社会主义实现了从一国实践到多国实践的飞跃;第四次是中国道路的开辟和发展,使社会主义实践实现了从苏联模式到中国道路的飞跃。

总的来说,中国道路不是简单延续中国历史文化的母版,不是简单套用马克思主义经典作家设想的模板,不是其他国家社会主义实践的再版,也不是国外现代化发展的翻版,而是中国在独特的文化传统、基本国情和历史遭遇的基础上,经过长期探索才开创和发展起来的。

中国道路的内涵,包含以下几个方面:

第一,从构成形态上来讲,它由中国特色社会主义道路、理论、制度和文化组成。

这里的所谓中国特色社会主义道路,是指具体的实践途径,包括以经济建设为中心,坚持改革开放,坚持"四项基本原则",

等等；所谓理论，包括邓小平理论、"三个代表"重要思想、科学发展观、习近平新时代中国特色社会主义思想；所谓制度，包括中国的根本政治制度、基本政治制度、法律体系、基本经济制度，以及各方面的体制；所谓文化，包括中华优秀传统文化，以及在革命、建设、改革中创造的革命文化和社会主义先进文化。

第二，从宏观规定来讲，它的形成和发展，有其总依据、总体布局、战略布局和总任务。

所谓总依据，就是中国的社会主义还处于初级阶段，而不是发达阶段；所谓总体布局，就是建设社会主义市场经济、民主政治、先进文化、和谐社会、生态文明要统筹推进；所谓战略布局，是指全面建成小康社会（党的十九届五中全会始改为：全面建设社会主义现代化国家）、全面深化改革、全面依法治国、全面从严治党；所谓总任务，就是中国道路的目标方向，是在全面建成小康社会的基础上，分两步走在本世纪中叶建成富强民主文

全面依法治国为建设现代化强国提供法治保障。图为 2019 年 8 月 30 日，云南省怒江州贡山县人民法院法官邓兴背着国徽与同事们跨过怒江

明和谐美丽的社会主义现代化强国。

第三，从治国理政上来讲，它有 14 条必须坚持的基本方略。

基本方略包括：党对一切工作的领导，以人民为中心，全面深化改革，新发展理念，人民当家作主，全面依法治国，社会主义核心价值体系，在发展中保障和改善民生，人与自然和谐共生，总体国家安全观，党对人民军队的绝对领导，"一国两制"和推进祖国统一，推动构建人类命运共同体，全面从严治党。这些基本方略，体现了中国道路在治国理政方面的鲜明时代特点。

第四，从实践领域来讲，中国道路是一个体系，由不同方面、不同层面的若干具体道路组成。

这些具体道路包括：中国特色社会主义政治发展道路、文化发展道路、法治道路，以及中国特色的乡村振兴道路，自主创

集中力量办大事，我国建成了世界最长的跨海大桥——港珠澳大桥

新道路、新型工业化道路、农业现代化道路、城镇化道路等。不同方面、不同层面的具体道路，是对中国道路实践途径的深化和拓展。

要想知道中国道路到底是什么，不能不梳理一下上述概念。中国道路之所以特别，在于它确实存在与西方不同的话语体系。事实上，每个概念和说法的背后，都有新鲜生动的实践，都是一篇大文章。

比如，中国道路的基本经济制度，有三块"基石"：公有制为主体，多种所有制经济共同发展；按劳分配为主体，多种分配方式并存；社会主义市场经济体制。这个基本经济制度极大地释放了全社会的创造活力。

2017年，改革开放后第一代民营企业家标志性人物鲁冠球去世了。在最后的时光，他对儿子说："这辈子我够了。"鲁冠球这辈子的人生，确实足够精彩。1984年，他就把自己创办的万向企业生产的万向节卖到了美国。10年后，又在美国成立了公司，没几年销售额便达到20亿美元。如今，美国的三辆汽车中，就有一辆车上有万向集团生产的零部件。这也使得鲁冠球成为中国领导人访美经贸团的常客，创造了4年三度随国家领导人出访的纪录。

正是因为有了鲁冠球这样一大批民营企业家的精彩人生，才有了中国道路上民营经济的绚丽风景。到2017年，民营经济给国家贡献着50%以上的税收，60%以上的国内生产总值，70%以上的技术创新成果，80%以上的城镇劳动就业人口，90%以上的企业数量。这撑起的何止是国民经济的"半壁江山"？

正是在中国道路形成和发展过程中，进入 21 世纪后，中国的经济总量迅速扩大，依次赶上 8 个发达的工业化国家。

2002 年，中国超过意大利，成为世界第六；2005 年，超过法国，成为世界第五；2006 年，超过英国，成为世界第四；2007年，超过德国，成为世界第三；2010 年，超过日本，成为世界第二。

2020 年，中国的经济总量突破 100 万亿元人民币，相当于 15 万亿美元，人均 GDP 也达到 1.1 万美元左右。这和 1949 年新中国成立时人均几十美元相比，真是天壤之别。

在以习近平同志为核心的党中央坚强领导下，中国经济巨轮必将乘风破浪、行稳致远。
图为庆祝中华人民共和国成立 70 周年大会群众游行"伟大复兴"方阵的"贯彻习近平新时代中国特色社会主义思想"巨幅标语
富田／摄

沿着中国道路前进，无论是纵向自我对比，还是横向同曾经在一个起跑线上的其他发展中国家对比，中国国际地位实现前所未有的提升，中国共产党、中国人民、中华民族的面貌发生翻天覆地的变化。

"寻路之旅"的历史回声

人们对道路的探索和选择，不会是随意而为，道路不会凭空而来。中国道路的形成和发展，有其源头活水。中国道路是近代以来中国社会发展的必然选择。

中国道路由近代以来拯救和发展中国的先进道路逐步演进而来。在中国近代历史上，有四声炮响，改变了处于时代激变中的中国命运，促进了中国人的道路探索和选择。

第一声炮响来自英国。

1840年的中国，就像一个古老易碎的青瓷花瓶，看起来硕大精美，却经不起外部世界哪怕是轻轻的一击。这一年，英国凭借坚船利炮，对中国发动了第一次鸦片战争。中国的社会性质，由传统的封建社会进入半殖民地半封建社会。

这声炮响，把沉睡的中国从东方老大帝国的迷梦中惊醒了，知道要有所改变。改什么，怎样变，中国人相继尝试了许多办法。从不乏传统农民起义色彩的太平天国，到学习西方器物技术的洋务运动；从资产阶级维新派的变法改良，到清王朝政治体制方面的改革新政，都不同程度地体现了历史的进步，本质上都是为了找到一条拯救中国的道路。但由于是被动地适应时代变化，都无

辛亥革命博物馆鸟瞰图

赵广亮 / 摄

一例外地以失败告终。

第二声炮响来自中国资产阶级革命党。

1911 年（中国农历辛亥年）10 月 10 日深夜，立志推翻清王朝的武昌起义新军，炮轰清王朝的湖广总督府，不仅吓跑了总督瑞澂，也结束了延续几千年的封建专制统治。这就是中国资产阶级领导的辛亥革命。这场革命的先行者和领导人，是一位学医出身的广东人，名字叫孙中山。

中华民国建立后，没有了皇帝，但封建军阀们把持中央和各地政权。在中央，有人想当皇帝；在地方，则有许多大大小小的土皇帝。经常"城头变幻大王旗"，都是靠枪杆子说话的。所谓民主、共和徒有虚名，局势乱得一塌糊涂，看不到尽头。中国依然没有摆脱衰颓的希望。

更重要的是，以上两次炮响之后，中国人在向西方学习的过程中，遇到了很大的难题："老师"总是打"学生"。开始是一个"老师"打（第一次鸦片战争中的英国），打一次不够又打第二次，而且是两个"老师"一齐上（第二次鸦片战争中的英国和法国）。接下来，那些没有来得及开打的"老师"也红了眼，纷纷来打（如甲午战争中的日本），最后发展到一齐上阵的"群殴"，八国联军直接打进了首都北京。打了之后让中国赔款还不算完，阔起来的邻居日本，干脆就明目张胆地侵占中国领土了。

中国的现代化进程由此受到阻碍，屡被打断。留给中国人的，除了悲情，更有疑问，即毛泽东所说的："很奇怪，为什么先生老是侵略学生呢？中国人向西方学得不少，但是行不通。"

拯救和发展中国的道路究竟在哪里呢？创建中华民国的孙中山和他当时领导的先进政党国民党，提出了民族、民权、民生的"三民主义"道路，作为奋斗目标。但真正要实施，却是苦闷无计。这时候，传来了第三声炮响。

第三声炮响来自俄国。

1917年，俄国十月革命从阿芙乐尔号巡洋舰上发出的炮声

阿芙乐尔号巡洋舰

张奋泉 / 供图

传到中国后，先进分子从炮声中捕捉到新道路的曙光。毛泽东后来讲，"十月革命一声炮响，给我们送来了马克思列宁主义"。来自西方的马列主义和俄国革命，启发了中国人的道路选择。

毛泽东还说过，"自从中国人学会了马克思列宁主义以后，中国人在精神上就由被动转为主动"。这里有两个关键词：一是"学会"，即结合中国实际来运用马列主义；二是"主动"，即走中国自己的道路。走中国自己什么样的道路呢？在革命年代，走的是农村包围城市、武装夺取政权的新民主主义革命道路。这条道路，真的引导中国人把革命干成功了。但新民主主义革命的胜利，还不是中国人寻路的终点。随着第四声炮响的传来，新的寻路之旅开始了。

2021年3月10日，"伟大征程——庆祝中国共产党成立100周年特展"在北京举行。图为此次展览展出的开国大典上使用的礼炮　　　　　　陈晓根／摄

第四声炮响来自中国共产党。

那是 1949 年 10 月 1 日在北京天安门广场举行的中华人民共和国开国大典上发出来的礼炮声。为昭示中国共产党成立 28 年来的奋斗历程，开国大典一共放了 28 响礼炮。

这次炮响之后，中国人所寻之路，叫作社会主义革命和建设道路。社会主义革命就是在中国建立起社会主义基本制度，这件大事很快就干成了。关于社会主义建设道路，在毛泽东时代进行了艰辛探索。

1961 年 9 月 23 日，毛泽东在会见英国皇家元帅蒙哥马利的时候，蒙哥马利问："在摸索前进的过程中，你们什么时候才感到走上了正确的道路？"对此，毛泽东没有作答，只是说，"大局是光明的，但是摆在面前的困难很多，遇到许多过去没有遇到的事情"，"对于搞社会主义，我们已积累了 12 年的经验。我们搞经济的经验还不很充分"。看来，他觉得当时的中国共产党人还没有完全摸清社会主义建设规律，找到一条正确的道路不是那么容易的事。

但那个时代的道路探索，毕竟为中国道路的开创提供了宝贵经验，做好了理论准备，奠定了物质基础。

从建设社会主义的经验和理论的角度来讲，直接成为开创中国道路的思想资源的，有这样一些内容：对于社会主义还处于不发达阶段，把国家建设好大概要 100 年这个最大国情和历史方位的认识；走自己的路，独立自主探索中国社会主义建设道路；把党和国家的工作重点转到社会主义建设和技术革命上来；实行"百

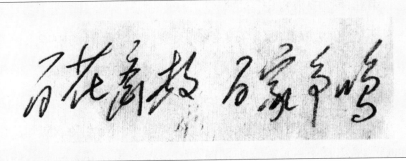

毛泽东手迹：百花齐放　百家争鸣　　　　　　　　　　文化传播 / 供图

花齐放，百家争鸣"的文化建设方针；正确处理人民内部矛盾的问题；社会主义社会还存在商品生产和商品交换，遵循价值规律，发展商品经济；走中国式的工业化道路，战略目标是实现农业、工业、国防和科学技术现代化；等等。

邓小平说过："从许多方面来说，现在我们还是把毛泽东同志已经提出、但是没有做的事情做起来，把他反对错了的改正过来，把他没有做好的事情做好。今后相当长的时期，还是做这件事。当然，我们也有发展，而且还要继续发展。"

概括起来实际就是四层意思：在开创中国道路的过程中做的事情，一是把改革开放前提出来、设想过但没有去做的事情做起来；二是把改革开放前做错的事情改正过来；三是把改革开放前做得不够好，但总体上还可以去做的事情进一步完善起来；四是做改革开放前没有遇到过的新事情。

这四层意思，具体地回答了中国道路是在怎样的基础上起步的。我们说，中国道路其来有自，还指它有着历史的承续和承载，是在前人探索的路子基础上开创出来的。

开创、坚持和发展中国道路的前进步伐

中国道路直接来源于改革开放的实践。开创中国道路的具体过程，本书在前面几章已经详细讲了。

如果要进一步概括的话，从 20 世纪 70 年代末到 90 年代初，以邓小平为主要代表的中国共产党人，围绕中国道路的开创，主要做了这样一些事情：作出把党和国家工作中心转移到经济建设上来、实行改革开放的历史性决策，深刻揭示社会主义本质，确立社会主义初级阶段基本路线，明确提出走自己的路、建设中国特色社会主义，科学回答了建设中国特色社会主义的一系列基本问题，制定了到 21 世纪中叶分三步走、基本实现社会主义现代化的发展战略。

开创中国道路之后，面临着如何坚持和发展的问题。今天人们的共识是，坚持和发展中国道路，有这样几个阶段：

中国道路是以江泽民为主要代表的中国共产党人，成功推向21 世纪的。从 20 世纪 90 年代到 21 世纪初，中国共产党人加深

2001 年 11 月 10 日，世界贸易组织（WTO）第四次部长级会议作出决定，接纳中国加入 WTO。图为中国外经贸部部长石广生在中国加入 WTO 议定书签字后同各国代表一起举杯庆祝　　钱兴强／摄

了对什么是社会主义、怎样建设社会主义和建设什么的党、怎样建设党的认识，积累了治党治国新的宝贵经验。特别是确立了社会主义市场经济的改革目标和基本框架，确立了社会主义初级阶段的基本经济制度和分配制度，开创全面改革开放新局面。

正是在全面改革开放过程中，中国抓住了当时刚刚出现的经济全球化机遇。这当中，中国经过15年的艰苦谈判，在2001年加入世界贸易组织（WTO），这无疑是一件大事。在整个谈判过程中，中国谈判代表团换了4任团长，美国换了5位首席谈判代表，欧盟换了4位首席谈判代表。中国加入世贸组织的艰巨性可想而知。

例如，在谈判中，各国代表向中国提出了1000多个问题。美国提出了中国的农业补贴问题，回答这个问题的是中国农业部的一个年轻处长。他没什么经验，就按中国国内的话语方式讲，说中国农民很辛苦，社会地位低，有些农民卖了粮食还拿不到钱，领的是白条子，等等。中国代表团的其他成员很着急，这不是答非所问吗？奇怪的是，他讲完后满场鸦雀无声，居然没有像别的问题那样被追问，这个问题就这么过去了。现在想来，是因为中国国内的话语，先翻译成英语，再翻译成法语和西班牙语，外国代表根本听不懂他讲什么，比如白条子，外国人根本不知道什么意思，不懂，当然也就提不出问题了。

加入世贸组织，对中国的企业意味着什么呢？

2001年9月，国家颁布的《车辆生产企业及产品公告》，让已经造了多年轿车的李书福很失望。他此前专门从浙江到北京，唇干舌燥地游说几个国家部委，要给已经生下的"儿子"吉利轿车报上正式"户口"。结果国家"公告"里依然没有"吉利"。已经投入十几个亿的李书福，感到自己站在悬崖边上了。11月9日，国家突然增发一批汽车许可公告，吉利的"豪情"轿车赫然在列，吉利集团由此成为中国第一家获得轿车生产资格的民营企业。国家突然转变态度的原因，第二天就揭晓了。从遥远的多哈传来消息，世界贸易组织第四届部长级会议通过了关于中国加入世界贸易组织的决定。这样一来，李书福驰骋轿车梦的舞台更大了。他说，他的汽车可以卖给中国市场，也可以卖给世界各国市场。吉利控股集团几年后真的走出国门，收购了具有80多年历史的瑞典沃尔沃等汽车品牌。

这个故事多少让人理解，中国至今为什么是以世界贸易组织为核心的多边贸易体制的坚定支持者和建设者。

中国道路是在以胡锦涛为主要代表的中国共产党人成功在新的历史起点上坚持和发展的。21世纪初期，根据新的发展要求，

浙江省湖州市长兴经济技术开发区的吉利动力总成长兴制造基地　谭云俸/摄

中国共产党人深刻认识和回答了新形势下实现什么样的发展、怎样发展等重大问题，抓住战略机遇期，在全面建设小康社会进程中推进各方面的创新，强调以人为本、全面协调可持续发展，着力保障和改善民生，促进社会公平正义。

保障和改善民生，是这段时间中国共产党坚持和发展中国道路做的一件大事。从 2006 年 1 月 1 日开始，中国在全国范围内废除了农业税。这是一个足以在几千年中国历史上刻下特殊标记的日子。从春秋时期鲁宣公创设"初税亩"开始，征收农业税在中国已经延续了 2600 年。

那么，废除农业税给农民带来了什么呢？安徽省全椒县襄河镇邱塘村村民欧春华听到废除农业税的消息，心里算了一笔账：他是村里的种粮大户，共承包了 400 多亩地。取消农业税，每亩地减轻税费负担 40 多元，共少交了 2 万多元的农业税；此外，每亩地享受 10 元的粮食补贴和 10 多元的种子补贴，购置农机具还有 20% 的资金补贴，也就是说，国家不仅不收钱，而且还倒贴钱，鼓励农民种庄稼。

掌握铸鼎手艺的河北灵寿县清廉村农民王三妮，为此铸了一个"告别田赋鼎"，铭文是："我是农民的儿子，祖上几代耕织辈辈纳税，今朝告别了田赋，我要代表农民铸鼎刻铭，告知后人，万代歌颂永世不忘。"

废除农业税的第二年，王三妮遇到一件麻烦事。他的老伴因患肾结石做了肾切除手术，治疗费一共花去 4000 多元。别人告诉他，可以通过 2003 年开始试点的新型农村合作医疗制度报

国家邮政局发行的《全面取消
农业税》纪念邮票　　马健/摄

销一部分。结果，他拿到了 2200 元的补贴，自己只花了 2000 元
左右。

　　所谓农村新型合作医疗制度，就是由农民个人出一部分钱，
各级政府财政补助一部分钱，共同组成相当于医疗保险的资金，
农民看病的花费，一半以上可以报销。到 2011 年，中国的职工
医保、居民医保、新型农村合作医疗参保人数超过了 13 亿，覆
盖面达 95%。惠及全民的医疗保障网基本建成，被国际社会誉为
"世界奇迹"。

中国道路进入新时代

　　党的十八大以来，以习近平同志为主要代表的中国共产党
人，全面审视国际国内新的形势，通过总结实践、展望未来，深

刻回答了新时代坚持和发展什么样的中国特色社会主义、怎样坚持和发展中国特色社会主义这个重大时代课题，推动中国道路进入了新时代。

新时代中国道路，形成了一系列治国理政新理念新思想新战略——

在全面建成小康社会的基础上，分两步走在本世纪中叶建成富强民主文明和谐美丽的社会主义现代化强国；

新时代中国社会主要矛盾，是人民日益增长的美好生活需要和不平衡不充分的发展之间的矛盾，必须坚持以人民为中心的发展思想；

统筹推进"五位一体"总体布局，协调推进"四个全面"战略布局。"五位一体"总体布局，是指经济建设、政治建设、文化建设、社会建设和生态文明建设五位一体，统筹推进；"四个全面"战略布局，即全面建成小康社会（2020年党的十九届五中全会将其修改为：全面建设社会主义现代化国家）、全面深化改

十三届全国人大一次会议通过的《中华人民共和国宪法修正案》把"中国共产党领导是中国特色社会主义最本质的特征"写入宪法

革、全面依法治国、全面从严治党，协调推进；

全面深化改革总目标是完善和发展中国特色社会主义制度，推进国家治理体系和治理能力现代化；

全面推进依法治国的总目标是建设中国特色社会主义法治体系，建设社会主义法治国家；

党在新时代的强军目标是建设一支听党指挥、能打胜仗、作风优良的人民军队，把人民军队建设成为世界一流军队；

中国特色大国外交要推动构建新型国际关系，推动构建人类命运共同体；

中国特色社会主义最本质的特征和中国特色社会主义制度的最大优势，是中国共产党领导。

这些新理念新思想新战略，既来源于丰富生动的改革创新实践，又体现在一幕幕治国理政的实践当中。比如，为推动新时代的全面深化改革，截至 2017 年 10 月，中央全面深化改革领导小组召开了 38 次会议，审议通过了 300 多份各类报告、方案，平均不到 40 天开一次会议，平均每次会议审议文件 8 份以上。

到今天，全面深化改革各主要领域具有四梁八柱性质的主体框架基本确立，有的在实践中已经让人们实实在在地感受到了它的好处。

2014 年 5 月 20 日，天津市滨海新区行政审批局正式挂牌成立。这次改革，滨海新区将其下属的发展改革委员会、经济信息委员会、财政局、环保局等 18 个部门的 216 项审批职责，全部划转到行政审批局，启用行政审批专用章，实行"一颗印章管审

2014年1月15日，国家博物馆收藏天津滨海新区109枚封存审批公章交接仪式在滨海新区举行，标志着滨海新区109枚封存审批公章在政府简政放权的改革过程中成为历史文物

批"。过去审批需要盖109枚印章，现在只需要盖1枚印章。

印章瘦身的背后是权力的艰难割让。改革之前，滨海新区有18个部门近600人从事行政审批，现在从事审批工作的只有130多人。这意味着400多名干部与审批权说再见。开始时，并非所有的部门和人员都痛快同意审批权划转，有人还拿出法律法规、部门规章据理力争，但这项改革却让老百姓尝到了甜头。

2014年9月11日封存废弃公章那天，一位叫郭兰胜的年轻人，来到滨海新区行政审批局办事大厅注册自己的新公司。他在2008年曾注册过一个餐饮公司，因不堪忍受艰难烦琐的审批过程，专门找了一家代办公司，前后用了20多天时间，还花掉六七千元钱。有记者采访他，他说："现在改革了，我就想先试试自个儿办，结果，真快，就一个地儿，就一天，全都办下来了！"

新时代中国还提出了建设"一带一路"的合作倡议。2013年9月和10月，习近平主席在出访中亚和东南亚国家期间，先后提出共建"丝绸之路经济带"和"21世纪海上丝绸之路"的重大倡议，简称"一带一路"，随即得到国际社会高度关注。

　　"一带一路"以政策沟通、设施联通、贸易畅通、资金融通、民心相通为主要内容。沿线各国资源禀赋各异，经济互补性较强，彼此合作潜力和空间很大。几年来，全球100多个国家和国际组织积极支持和参与"一带一路"建设，联合国大会、联合国安理会等重要决议纳入"一带一路"建设内容。

　　"一带一路"的合作倡议提出后短短5年时间，中国同"一带一路"沿线国家的货物贸易额，累计超过5万亿美元，对外直接投资超过600亿美元，先后在"一带一路"沿线国家建设了82个经贸开发区，为当地创造超过24亿多美元的税收和20多万个就业岗位。一大批重点合作项目受到关注：中巴经济走廊、瓜达尔港、中泰铁路、匈塞铁路、雅万高铁……

　　共建"一带一路"的倡议源于中国，机会和成果属于世界。但有人批评说，中国在非洲投资建设，扮演着后殖民霸权角色。事情果真如此吗？作为"一带一路"建设组成部分，中国帮助肯

中欧班列推进了"一带一路"建设，打通了中国与欧洲各地货物互通的交通要道。图为中欧班列从成都国际铁路港发出，开往德国杜伊斯堡

尼亚修建了全长 470 公里的铁路。在首都内罗毕到港口城市蒙巴萨列车的始发仪式上，肯尼亚总统肯雅塔说："100 年前英国人创造了历史，他们在这个国家搞殖民，修了一条哪儿也去不了的铁路，被称作'疯狂快线'……今天我们庆祝的绝不是'疯狂快线'，而是将塑造肯尼亚未来 100 年的'马达拉卡快线'。""马达拉卡"，在斯瓦希里语中是"自由"的意思。

2017 年 5 月 14 日至 15 日，首届"一带一路"国际合作高峰论坛在北京举行，来自 29 个国家的元首、政府首脑，130 多个国家和 70 多个国际组织的 1500 名代表参会。2019 年 4 月，第二届"一带一路"国际合作高峰论坛在北京举办。

中国道路进入新时代，从中华民族的前途来说，意味着中华

2017 年 5 月 14 日晚，"一带一路"国际合作高峰论坛欢迎宴会在北京人民大会堂举行

杜洋 / 摄

中国特色社会主义进
入新时代，使中国的
发展站到新的历史方
位上　　四夕 / 摄

民族迎来了从站起来、富起来到强起来的飞跃；从社会主义的命
运来说，意味着科学社会主义在 21 世纪的中国焕发出强大生机
活力；从世界发展的道路来说，意味着中国道路拓展了发展中国
家走向现代化的途径，给世界上那些既希望加快发展又希望保持
自身独立性的国家和民族提供了全新选择。

　　中国道路进入新时代，不是从人类学、历史学的角度来讲的，
不是指石器时代、青铜时代，或奴隶制时代、封建时代、资本主
义时代、社会主义时代这样一些大历史变迁。进入新时代的是长
期以来坚持和发展的中国道路，而不是其他。在新时代，是"续
写"而不是"另写"新的篇章。

第 十 章

「民族复兴」

领导中国实现伟大梦想

★ ★ ★

中国道路最终将把中国引向哪里？也就是说，中国最终是要实现一个什么样的目标？简言之，就是要实现社会主义现代化和中华民族的伟大复兴。中国人现在把这个目标叫作中国梦。

中国梦的实现，是一个渐进的历史过程，是由一个又一个阶段性的奋斗目标连接起来的，和人民幸福的愿景与感受息息相关。那么，在中国共产党构想未来的过程中，中国梦是怎样一步步清晰起来，并让中国人一步步去接近它的呢？

中国梦是怎样产生的？

在中国的心脏，北京的天安门，有一座中国国家博物馆。按照"左祖右社"的传统建筑规制，国家博物馆和人民大会堂左右对望。左边是历史，右边是现实；左边记载初心和使命，右边擘画创新与未来。

2012年11月29日，党的十八大在人民大会堂闭幕刚刚半个月，习近平同志便带领十八届中央领导集体来到国家博物馆，参观在这里陈列的"复兴之路"展览。

驻足凝望一幅幅历史画卷，习近平同志抚今追昔，感慨万千，随即为近代中国人民的奋斗添上画龙点睛的一笔。

"复兴之路"展览回顾了中华民族的昨天，展示了中华民族的今天，宣示了中华民族的明天，给人以深刻教育和启示。图为中国国家博物馆　　玉龙 / 摄

他说："我以为，实现中华民族伟大复兴，就是中华民族近代以来最伟大的梦想。这个梦想，凝聚了几代中国人的夙愿，体现了中华民族和中国人民的整体利益，是每一个中华儿女的共同期盼。"

中国梦的内涵是：实现国家富强、民族振兴、人民幸福。中国梦，归根结底是人民的梦想。

近代以来，中华儿女怎样"共同期盼"实现中华民族伟大复兴的中国梦？

直到今天，人们还习惯把中华人民共和国称为新中国。"新中国"这个称谓是怎样来的呢？ 1902 年，梁启超在《新小说》创刊号上发表政治幻想小说《新中国未来记》，以倒叙方式描绘60 年后的中国模样。也是在这一年，梁启超还率先使用了"中华民族"这个概念。无意中，他把中国的未来和中华民族的命运联系在了一起。

对想象中的"新中国"描绘得更加仔细的，是一位叫陆士谔的上海老中医。他在 1910 年发表一篇幻想小说，名字就叫《新中国》。小说的主人公酒醉后梦游未来，发现未来的新中国收回了所有被帝国列强租占的"租界"，上海的工人们过上了小康日子，不少有钱人把自己的金银细软搬到船上运往外国投资。作者还写到上海有了地铁，有一座铁桥跨过黄浦江通向浦东，而浦东到处都在"辟地造屋"。

这些在今天已经做到的事情，竟然在 100 多年前就被这位小说家"梦想"到了，无意中把"新中国"与"中国梦想"联系在了一起。从梦想到现实的延伸逻辑，竟也这样奇妙，这样有味道。

梁启超和陆士谔为什么在那个时候"梦想"新中国？因为 20 世纪初的中国实在是跌落到了谷底。他们看到的和遭遇的，是 1900 年的八国联军攻入北京，是清王朝政府统治的危机四伏。为了让中国摆脱这样的命运，他们要梦想未来。

这些梦想包裹的"内核"，就是中国共产党的主要创始人李大钊在建党前提出的根本诉求：实现"中华民族之复活"，今天我们叫实现"中华民族伟大复兴"。

受李大钊影响的毛泽东，在建党前则提出一个气魄更大的诉求："改变中国和世界"。

中国梦是近代中国积贫积弱的处境激发出来的。没有衰落的低谷，就没有在沉沦中崛起的梦想。负责任地构想未来，必然要解决走什么路，才可能接近和实现梦想。没有道路的梦想，很可

浦东新貌——上海浦东陆家嘴高楼林立，在蓝天白云的映衬下尽显城市景色之美　　周东潮 / 摄

能是空想和幻想。反过来说，没有远大梦想的道路，很容易滑向机会主义，终难走出一片明朗的天地。

道路总是承载着相应的梦想前行的。在中国共产党开始找到革命道路的时候，中国知识界再次勾画未来的梦想。

1932 年 11 月 1 日，上海《东方杂志》发布一个启事，向各界知名人士提出两个问题并征集答案，一个是"梦想中的未来中国是怎样的？"另一个是"个人生活中有什么梦想？"

一石激起千层浪，几十个社会名流写来答案。有人说，他的梦想"是个共老共享的平等社会"，有人相信"未来的中国是大众的中国"。有人比较乐观，认为"理想中的中国是能实现孔子'仁'的理想，罗素科学的理想与列宁共产主义的理想"；有人比较悲观地说："在这漫长的冬夜里，只感到冷，觉得饿，只听见许多人的哭声，这些只能够使他做噩梦……"

就在人们纷纷攘攘、莫衷一是的时候，距离上海不到 1000 公里的江西瑞金，中国共产党在一年前就创建了中华苏维埃共和

中华苏维埃共和国
临时中央政府大礼
堂旧址

国，这是"广大被剥削被压迫的工农兵士劳苦群众的国家"，它
虽然还不够成熟，但毕竟是中国共产党对中国梦想的初步实践。

毛泽东当时担任这个新国家的主席，在此前的一篇描绘未来
梦想的信中，他写道，我们"不是算命先生，未来的发展和变化，
只应该也只能说出个大的方向……它是站在海岸遥望海中已经看
得见桅杆尖头了的一只航船，它是立于高山之巅远看东方已见光
芒四射喷薄欲出的一轮朝日，它是躁动于母腹中的快要成熟了的
一个婴儿"。

中国人的梦想和中国革命的未来，被描述得如诗如歌。

从梦想到现实："三个一百年"的奋斗

中华民族伟大复兴，从梦想到现实，是一代又一代人接续
奋斗的长期历史进程，是一点一点的积累过程。在这个历史过程
中，有三个里程碑：站起来、富起来、强起来。把这三个里程碑

连接起来的，是中国共产党领导人民奋斗的"三个一百年"。

第一个"一百年"：从1840被迫打开大门，进入半殖民地半封建社会开始，到1949年建立中华人民共和国。

这一百年的奋斗目标，是实现民族独立和人民解放。这是实现中华民族伟大复兴第一个阶段的梦想。

所谓民族独立，就是彻底摆脱近代以来遭受帝国主义列强的欺压，把中国人民从半殖民地社会中解放出来；所谓人民解放，就是把中国人民从旧社会的压迫和剥削中解放出来，实现平等；一句话，就是让"中国人从此站立起来"。

这个目标和梦想，在1949年新中国成立和1956年进入社会主义社会的时候实现了。新中国的名称叫"中华人民共和国"，国体是"人民民主专政"，政体即国家最高权力机构"人民代表大会"，政权叫"人民政府"，军队叫"人民解放军"，国家机器叫"人民法院、人民检察院、人民公安"，公共服务部门叫"人民铁道""人民邮政"，学校老师叫"人民教师"，看病的地方叫"人民医院"，中央银行叫"人民银行"，连使用的货币，也叫"人民币"。

为什么都有"人民"二字？这正是中国共产党出发时候的初心使命所在。

今天的中国人认为，如果没有民族独立和人民解放，再远大和美丽的梦想，也都无从谈起。新中国的成立和社会主义基本制度的确立，为中华民族和中国人民赶上时代，为当代中国的一切发展，奠定了政治前提和制度基础。

作为大国，中国牢牢把大国重器掌握在自己手里，实现了中华民族从站起来、富起来到强起来的历史性飞跃。图为"奋斗者"号载人潜水器

进入社会主义建设时期，中国共产党勾画的新的中国梦想，本质上就是要在站起来的基础上，走向富起来、强起来。毛泽东当时设想的精要，是实现"共同的富"，让中国"变成一个大强国而又使人可亲"。

第二个"一百年"：从1921中国共产党的成立，到2021年全面建成小康社会。

这100年的奋斗目标，是让中国人民和中华民族"富起来"。习近平同志多次讲，全面建成小康社会不仅是我们现阶段的战略目标，也是"实现中华民族伟大复兴中国梦关键一步"。

2021年是实现这个目标的时间节点，党的文献已经表述为，中国人民和中华民族"迎来了从站起来富起来到强起来的伟大飞跃"。

但全面建成小康社会，使中国从一个落后的农业国家，转变成为工业化和信息化相互推动的国家，从而彻底摆脱了被开除

"嫦娥五号"从月球带回的"土特产"——月球土壤样品　陈晓根/摄

"球籍"的危险。这就为实现中华民族伟大复兴奠定了坚实的基础,开拓了光明的前景。

阔步向前的中国,宛如一座充满活力和激情的"梦工厂"。温饱小康梦、港澳回归梦、奥运梦、世博梦、玉兔登月梦、蛟龙潜海梦、现代高铁梦、强军富国梦,还有,2020年,中国的"嫦娥五号"还把月球上的土壤带了回来,一个个激荡人心的中国梦,演绎着中国的传奇。

习近平同志指出:"消除贫困、改善民生、实现共同富裕,是社会主义的本质要求,是我们党的重要使命。""我们追求的发展是造福人民的发展,我们追求的富裕是全体人民共同富裕。"

湖南省花垣县十八洞村,地处武陵山腹地。因村旁山中有18个溶洞,洞洞相连,神态各异,鬼斧神工,十八洞村由此得名。千百年来,村民为生存奔波,为温饱劳碌,却依然贫困。当地青年男女多外出打工,村里主要是留守老人和孩子。2013年,全

位于武陵山腹地的十八洞村　　　　　　　　　　　　　　　杨华峰 / 供图

村人均耕地面积 0.83 亩，225 户、935 口人中有 136 户 533 人贫困，人均纯收入仅仅 1668 元。山高路远，穷乡僻壤，很多大龄青年都娶不上媳妇。小康生活对于十八洞村来说，曾经是那么遥不可及。

2013 年 11 月 3 日，习近平总书记来到村里考察，提出了"精准扶贫"的理念。按照习近平总书记的要求，上级派来的工作队和村党组织一起，对十八洞村扶志又扶智，发展起扶贫产业。十八洞村因地制宜确定了劳务经济、特色种植、特色养殖、苗绣、乡村旅游五大产业，形成产业扶贫合力，实现了从"输血"到"造血"的根本转变。在广大干部群众努力下，2017 年 2 月，十八洞村 136 户 533 名贫困人口全部脱贫，全村人均纯收入由 2013 年的 1668 元增加到 2018 年的 12128 元。2020 年，全村人均纯收入达到 18369 元，村集体收入达到 200 万元。村民的日子越过越红火，十八洞村也从湘西的极度贫困村一跃成为中国美丽休闲乡村。

中国梦根本上是人民的梦想，本质上要让人们共同享有人生出彩的机会，共同享有梦想成真的机会，共同享有同国家和时代一起成长与进步的机会。因此，全面建成小康社会的一个标志，就要为人民群众的自我发展，为每个人的奋斗成功创造更好的平台和条件。

1987 年，任正非集资 21000 元人民币在广东省深圳市创立华为技术有限公司。当时的华为公司成为一家生产用户交换机的香港公司的销售代理。创立初期，华为借改革开放的东风获得了第一桶金。此后，任正非带领几十名年轻员工租用了一栋破旧的厂房，研制程控交换机，并逐渐拓展业务，开始了他们充满艰险的创业之路。在研发过程中，任正非注重创新能力，与多家大公司成立联合研发中心，成为通信领域技术更新换代的重要推动者。2010 年，华为成为全球第二大通信设备制造商。在备受关注的 5G 设备研发领域，华为实现了在世界范围的领跑，多项技术研发进展最领先，且与运营商联合测试建网规模最大。任正非领导的华为用短短几十年时间，创造了中国梦想的一个奇迹。

第三个"一百年"：从 1949 年中华人民共和国成立到 2049 年中华人民共和国成立 100 周年。

2021年2月25日，全国脱贫攻坚总结表彰大会在北京人民大会堂隆重举行。习近平总书记在大会上庄严宣告：我国脱贫攻坚战取得了全面胜利　　　盛佳鹏／摄

这100年的奋斗目标，就是实现"强起来"，把中国建设成为富强民主文明和谐美丽的社会主义现代化强国，实现中华民族的伟大复兴。

全面建成小康社会，是实现这个新目标的崭新起点。

为实现这个远大目标，中国共产党总是与时俱进地制定或调整"时间表"和"路线图"。

关于中国复兴的时间和步骤，毛泽东的基本构想是：从新中国成立算起，"要建设起强大的社会主义经济，我估计要花一百多年"。这个100年的步骤和远景规划，今天被继承下来了。

邓小平提出"小康"这个目标后，同时也设想，到21世纪中叶，也就是中华人民共和国成立100年的时候，人均国民生产总值达到中等发达国家水平，人民生活比较富裕，基本实现现代化。

2012年，党的十八大明确提出，要在中华人民共和国成立100年时，建成社会主义现代化国家。

为了实现这个百年奋斗目标，习近平同志在2017年召开的中共十九大上又谋划了新的战略步骤。具体安排是：在2021年全面建成小康社会以后，分两步全面建设社会主义现代化国家。第一步，从2020年到2035年，奋斗15年，基本实现社会主义现代化。第二步，从2035年到本世纪中叶，再奋斗15年，在新中国成立100年的时候，把中国建成富强民主文明和谐美丽的社会主义现代化强国。

党的十九大会场   刘震／摄

党的十八大以来，在以习近平同志为核心的党中央坚强领导下，党和国家事业取得历史性成就、发生历史性变革，中华民族伟大复兴的中国梦迎来了前所未有的光明前景。图为庆祝中华人民共和国成立 70 周年大会上"伟大复兴"方阵　　　　　　　徐昱 / 摄

　　实现这个战略安排最后一步的时候，实际上已经和中华民族伟大复兴的梦想深深地融合在一起了。

　　"三个一百年"的划分，在时间节点上有交叉。这恰恰说明，站起来、富起来、强起来在复兴路上不是截然分开的，而是你中有我我中有你的交替叠伸的奋斗过程。

　　在为站起来而奋斗的进程中，有富裕方面的追求和实践，有能够促进民族复兴的积极因素和社会力量的成长积累；为富起来而奋斗的行程中，有进一步站起来和逐步强起来的表现；为强起来而奋斗的行程中，不仅有越来越"走近世界舞台中央"从而更雄伟地站起来的含义，而且也是拓展富起来、升华富起来的过程。

梦在前面，路在脚下。

中国梦不只是一个目标，还是社会面貌的演变。

中国梦不只是一个口号，还有鲜活生动的故事。

中国梦不只是一个愿景，它在人民的感受中走来。

回望昨天，雄关漫道真如铁；

巡看今天，人间正道是沧桑；

放眼明天，长风破浪会有时。